La Terreur

Patrick Wald Lasowski

La Terreur

Roman

Styles

cherche midi

Collection « Styles »
dirigée par Vincent Roy

23, rue du Cherche-Midi
75006 Paris

Quand on a un pied dans le crime,
il faut bien s'y enfoncer tout à fait.

Antoine Quentin Fouquier-Tinville

1793

9 mars

Il m'arrive encore de suivre les gens. Ce n'est plus de ma charge ni de mon âge. J'ai pour ça mes inspecteurs, mes espions, quelques mouches. Mais le pli est pris. L'instinct prend le dessus, et me voilà en chasse, sans rien de concerté, comme il y a quelques jours, me promenant à la barrière de Chaillot, où j'ai suivi sur leur mine deux paysans qui entraient dans Paris, portant un panier qui avait pu échapper aux contrôles. Je les ai rapidement arrêtés et, les ayant repoussés dans une ruelle, j'ai fait ma grosse voix de commissaire en brandissant ma canne. Le panier ouvert, j'y trouvai un enfant mort que les deux hommes amenaient à Paris pour le déposer sur la châsse de saint Ovide et le faire ressusciter le temps de recevoir le baptême. Il faut avoir la superstition chevillée au corps pour perpétuer ces pratiques. Je les ai tancés de la belle manière (vieille langue, c'est ainsi que parlait *monsieur de* Crosne, notre dernier lieutenant de police), avant de les renvoyer dans leur campagne. Si une patrouille les avait surpris, ils étaient bons pour la prison des Carmes ou Saint-Lazare.

On a recueilli ce matin, près des Petites-Maisons, une fille prostituée, le visage balafré, les épaules et le ventre blessés de plusieurs coups de sabre. Il y a apparence qu'elle a été traitée de la sorte par un soldat pris de vin.

À la tribune de la Convention, Bentabole et Tallien ont rapporté la plainte des citoyens qu'il n'y a plus de justice dans la République. Chaumette, des Cordeliers, porte-parole des sans-culottes, a demandé la création d'un tribunal dont les jugements seront sans appel. La guerre aux frontières exige la sécurité intérieure. Le peintre David y a mêlé sa voix. Il y a quelques mois que les sections réclament un roulement de jugements plus rapides contre les ennemis de la Révolution.

Carrier, du Cantal, l'homme taciturne, avec sa tête de rapace sur un corps de misère, est intervenu pour que la Convention décrète au plus vite l'établissement de ce tribunal d'exception.

Il faut suivre l'affaire.

10 mars

Mauvaise nuit. Il a gelé. Les douleurs m'ont repris. Il m'a fallu recourir à l'opium. Parmi les substances narcotiques, il est le seul à me procurer le repos et à arrêter les crachements de sang. Le sommeil est inquiet, accompagné de fièvre, avec une espèce de stupeur au réveil à laquelle je m'arrache difficilement. Mais le remède est efficace, si puissant, comme dit Cadet de Gassicourt, qu'*il enchante la douleur*. « N'oubliez jamais, ajoute l'homme de l'art, qu'après son effet il abat les forces vitales, et que plus la maladie est aiguë, plus il doit être administré avec précaution. »

Je suis au-delà des précautions.

J'ai pris dans la nuit cinq grains d'opium purifié, accompagnés d'un verre de ratafia qui passe l'amertume. Le souvenir m'est revenu en dormant de cette ancienne journée d'hiver, où, vers trois heures, l'après-midi, la Seine gelée s'était ouverte, fracassant les bateaux des blanchisseuses, les jetant à l'eau où plusieurs furent coupées par la glace qui s'était reformée sur elles. Leurs têtes apparaissaient au-dessus du fleuve gelé sans qu'on pût leur porter secours.

Dans la journée d'hier, des Enragés entraînés par le jeune Varlet ont saccagé les imprimeries des journaux de la Gironde, rue Serpente et rue Tiquetonne.

Réquisitionné aux armées, Varlet fait son charivari avant d'aller aux noces avec l'ennemi.

La Convention avance. On a discuté de l'organisation du *tribunal suprême de la vengeance du peuple*. Pour empêcher la levée des débats, Danton est monté à la tribune en sommant les bons citoyens de rester à leur place.

– Rien n'est plus difficile que de définir un crime politique. Il est nécessaire que des lois extraordinaires, prises hors du corps social, épouvantent les rebelles et atteignent les coupables.

« Soyons terribles, a martelé le terrible tribun.

À une heure avancée de la soirée, Cloüet est venu m'annoncer que la loi instituant un tribunal criminel extraordinaire a été votée. Les Girondins ont hurlé tant qu'ils ont pu. Le tribunal sera composé d'un jury de douze citoyens, de cinq juges, d'un accusateur public, assisté de deux substituts. Une commission de six membres de la Convention sera chargée de l'instruction des affaires.

Cloüet était enthousiaste. Il parlait avec fièvre, marchant à travers la pièce, ne cessant de parler. Nous avons vidé le pichet de ratafia et partagé un reste de saucisson de Bologne.

11 mars

Nouvelle nuit mêlée de cauchemars et d'insomnies. Je n'ai rien pris contre la douleur, du reste fort raisonnable. Je me suis levé trois fois pour pisser. Le bruit de l'urine frappant le pot me fatiguait.

Dehors, la nuit pesait sur Paris, une nuit noire et dure s'étalant en larges bandes de suie.

Depuis la journée du 10 août et les massacres de septembre, il y a dans la ville une poussière de sang qui ne retombe pas. Le goût de la mort est entré en nous comme un large fleuve rouge, avide et dévorant.

12 mars

Jour sombre et glacé, promesse de malheur. La pluie n'a pas cessé.

Transi de froid, trempé comme un gueux, j'ai arrêté, en compagnie de Chêneville et de Cloüet, le fossoyeur de la paroisse Saint-Eustache qui venait de déterrer le cadavre d'une jeune fille. Pris sur le fait, vivement interrogé (j'ai dû retenir le bras de Cloüet), il a livré le nom du chirurgien à qui il le vendait.

Nous nous sommes rendus du cimetière au domicile du chirurgien. Il passera la nuit en prison. Je le crois responsable du trafic de corps sur lequel nous enquêtons depuis des mois.

13 mars

Les rêves érotiques – je les appelle mes *brumes*, mes *fumées* – ne désarment pas. Est-il possible qu'ils s'amplifient avec l'âge ? J'ai rêvé cette nuit de mademoiselle Adeline, la fille galante de la maison voisine, avec ses yeux charbonnés et ses lèvres gourmandes. Je la croise dans la rue Vieille-du-Temple ou dans les galeries du Palais-Égalité. On lui devine des fesses magnifiques, hautes et dures. Il y a quelques années, je me serais fait chevalier de la rosette pour honorer ce cul parfait.

Au réveil, mon vit se trouva joliment dressé.

La Convention a procédé à l'élection de l'accusateur public du tribunal criminel extraordinaire. Faure a décliné l'honneur. Fouquier-Tinville a pris sa place. Ses deux substituts sont Fleuriot-Lescot et Donzé-Verteuil. Le tribunal sera saisi de toute entreprise contre-révolutionnaire, de tout attentat contre l'indivisibilité de la République et la sûreté de l'État, de tous les complots tendant à rétablir la royauté ou à établir toute autorité attentatoire à la souveraineté du peuple.

– Hâtons-nous, me dit Cloüet. Les événements vont plus vite que les hommes. Que les conspirateurs rentrent dans le néant !

14 mars

Après mon entrée dans la police, il m'a fallu patienter avant d'être chargé des crimes de sang. Le scandale des filles, les imprimeries clandestines, le vol des bijoux m'occupaient.

Le souvenir m'est revenu tout à l'heure d'une aventure singulière. Il y a bien des années, quai des Célestins, après que les passagers de la diligence de Dijon eurent repris leurs malles, on trouva un panier abandonné. Au bout de quelques heures, le responsable de la messagerie l'ayant ouvert, on y découvrit une huguenote au couvercle solidement attaché avec une corde. La corde coupée, on a trouvé dans la marmite la tête d'un homme, cuite avec des herbes et du gros lard.

J'ai fait porter la tête à la morgue du Châtelet, où tout le monde a pu la voir.

On n'a jamais identifié la victime. L'assassin court toujours. Sans qu'on sache ce qui a pu le pousser à cuire une tête et à lui faire prendre la diligence.

15 mars

J'ai croisé le jeune Cadet de Gassicourt au Palais-Égalité, dans les allées du jardin. Nous nous sommes attablés chez Février, là où Lepeletier a été assassiné le 20 janvier. Une gravure accrochée au mur représente le moment où l'assassin le poignarde pour avoir voté la mort de Louis XVI. L'explication au bas de l'estampe ajoute qu'en expirant Lepeletier prononça ces paroles mémorables : « Je suis satisfait de verser mon sang pour la patrie ; j'espère qu'il servira à consolider la liberté et l'égalité, et à faire connaître ses ennemis. »

– Eh bien, commissaire, toujours à l'affût, à consigner dans vos carnets ce qui passe sous vos yeux ?… Lepeletier Saint-Fargeau avait pourtant été élu par la noblesse aux États-Généraux. Elle lui a fait payer son ralliement à la Révolution.

« Entre nous, a poursuivi Cadet en baissant la voix, je ne suis pas sûr qu'il ait pu prononcer tant de *paroles mémorables* après le coup de sabre qu'il avait reçu.

Charles Louis s'est éloigné de la pharmacie familiale. Avocat, il se frotte aux belles lettres. Je connaissais son poème des « Voyages de la liberté ». Il m'a chanté à pleine voix « La Montagne », la chanson patriotique qu'il vient d'écrire, dans laquelle l'Éternel dicte ses décrets « à l'Hébreu rebelle et volage ».

C'est dans le salon paternel, fréquenté par d'Alembert, Buffon, Bailly, Condorcet, que Charles Louis s'est pris de passion pour la chose publique, avant de s'engager dans la Révolution. Membre de la section du Mont-Blanc, il ne pouvait manquer de célébrer la Montagne. Je l'ai prié de transmettre mes amitiés à son père.

Je me demande s'il sait que son véritable géniteur est Louis XV, qu'il est le fruit d'une passade du vieux libertin séduit par la belle Boisselet.

16 mars

C'est une chose curieuse que le souvenir. Ignorant les progrès du mal qui me ronge, le jeune Cadet m'a demandé hier si j'avais essuyé une attaque de mon ancienne maladie, si j'en avais éprouvé *quelque ressouvenir*.

Souvenir désigne ce que la mémoire garde du passé. Le mot se dit des restes d'une maladie qui se font sentir.

Je suis hanté de souvenirs. De l'une et l'autre manière.

17 mars

J'ai cru cette nuit que ma mère vivait encore. C'était l'été. Elle souriait.

Le brouillard s'est étendu au long de la journée. Les arbres se sont couverts de givre. J'ai connu dans ma jeunesse un brouillard étonnant enveloppant Paris. Les lanternes, les flambeaux, tout était inutile. Les chevaux ne retrouvaient plus leur chemin. De nombreux cochers avaient manqué les ponts. Leur fiacre était tombé dans la Seine.

On avait découvert au matin des centaines d'enfants errants qui s'étaient égarés.

18 mars

Je n'ai pas quitté la chambre, où je me suis fait saigner.

Chêneville est venu me communiquer les nouvelles, parmi lesquelles un vol de bijoux aggravé de violences, place des Piques, dans l'ancien hôtel de Baudard de Saint-James, le banquier qui avait prêté huit cent mille livres à Boehmer et Bossanges à l'occasion du fameux *collier de la reine*.

– C'est Saint-Gemmes qu'il eût fallu l'appeler.

– D'autant que c'était son vrai nom, reformé sur l'anglais par pure vanité.

Pour instruire Chêneville – et divertir la douleur –, j'ai déroulé une guirlande de vols anciens, réprimés dans le sang par l'ancienne justice. Les noms me sont restés, de François Viennet et Charles Manillier condamnés au carcan, au fouet, à la marque et aux galères pour avoir volé des bijoux dans les spectacles publics ; de Jean-Baptiste Devraisse, dit Baptiste, domestique, pendu en place de Grève pour avoir volé diamants, montre, tabatière d'or et autres bijoux ; de Jean-François Petit, fouetté, marqué par le bourreau, envoyé aux galères pendant trois ans, pour avoir escroqué différentes pièces d'orfèvrerie en se faisant passer pour le comte de La Motte ; de Louis Julien, jardinier, Pierre Guïdou, charpentier, Jean Hotto, brocanteur, pendus pour avoir commis plusieurs vols avec effraction d'argenterie et de bijoux ; de Jean-Baptiste Guéry, arquebusier, battu de verges, flétri d'un fer chaud sur l'épaule droite et envoyé aux galères pour vol de deniers comptants, bijoux et autres effets.

– J'ai procédé à l'arrestation de plusieurs d'entre eux. C'était avant notre nouveau Code pénal et chacun de ces noms, Chêneville, s'est planté en moi comme un remords, tant je me sens complice de châtiments plus épouvantables que le crime.

19 mars

La ville d'Orléans a été déclarée hier en état de rébellion jusqu'à ce que les auteurs de l'attentat commis contre Léonard Bourdon, en mission pour la République, soient arrêtés.

La Vendée est en feu. Cela va au-delà. Challans, Legé, Palluau, Saint-Fulgent, Beaupréau, Montaigu, Cholet... ces noms de villes et de villages jusque-là ignorés se chargent de souffrance et de sang. Les émeutes passent à l'insurrection. Armées de fusils de chasse, de fourches, de faux, de piques et de haches, les troupes de paysans se déchaînent. Fanatisés par la prêtraille, tempête Cloüet. Exaspérés par les humiliations des gardes nationaux, murmure Chêneville.

Dumouriez défait au Nord, la Vendée en révolte… que de déchirements à la renaissance d'une nation !

20 mars

On a trouvé ce matin une jeune femme noyée dans le fleuve. Ses mains et ses pieds étaient attachés. Elle a été repêchée à la pointe de l'île de la Cité, où la Seine se déchire en chiffons d'écume. Quand on l'a débarrassée de la vase, j'ai vu que cette femme était belle.

21 mars

Fumées de délices. Je me rêvais cette nuit besognant une femme appuyée contre un mur, la jupe levée, les jambes nouées autour de mes reins, tandis qu'un oiseau perché sur sa tête gazouillait alternativement des mots galants et des obscénités.

Me voilà enconnant hardiment, comme les chevaux piaffent et raclent le sol, quand tout à coup le mur s'effondre, la scène change, j'entre dans la lumière, devenu cygne auprès de Léda, outre d'air dans ses jambes, ondoyant entre ses seins comme une musette qui attend pour jouir le départ de la musique.

22 mars

J'ai coupé les effets de l'opium par ceux du ratafia. Mauvaise idée. Je suis resté toute la journée dans une sorte d'hébétude, ivre de fatigue jusqu'à m'appuyer contre les murs.

Chêneville et Cloüet dénouent les affaires comme ils peuvent. Le Comité de sûreté générale, qui se charge de la police intérieure, nous garde sa confiance. Du reste, ceux que nous poursuivons n'ont affaire qu'au tribunal criminel ordinaire.

23 mars

J'ai rendu visite à Bruiant Fauve-Roussel, ma plus ancienne connaissance, qui vient de prendre sa retraite. « Je laisse la partie », m'a-t-il écrit. Un fiacre m'a déposé sur la montagne Sainte-Geneviève, place du Panthéon-Français, dans ce quartier de collèges contagié par la poussière des livres hors de laquelle mon ami ne saurait vivre. Responsable jusqu'ici des manuscrits à la ci-devant Bibliothèque royale, Bruiant se partage entre la passion de lire et celle de la peinture.

– C'est moins David que Fragonard, je peux bien l'avouer... Dieu sait comme j'ai aimé ses peintures chantantes, ses petits airs, comme ci, comme ça, les couleurs qui roucoulent, les figures qui dansent, fouettées par le génie de l'artiste. Surprises. Poursuites. Les corps tombent en cascade. La peinture roule des hanches. J'aime le bleu qui gronde au sein de ses coquines.

« Pour les livres, autre musique. J'ai passé ma vie auprès des taciturnes, moi qui déteste le silence.

Nous avons bu joyeusement le vin de Champagne que j'avais apporté.

24 mars

J'ai emprunté à Bruiant le livre de Dufriche-Valazé, *Les Lois pénales*, et passé la nuit à le lire. Depuis qu'il a publié son livre, il y a neuf ans, Dufriche-Valazé a été élu député de l'Orne à la Convention (où il siège avec les Girondins). Son traité estime qu'il est inutile de parler du suicide, de la pédérastie ni du crime de bestialité. Car ces actions, pour avilissantes qu'elles soient, ne conduisent pas au renversement de la société. De sorte qu'il suffit de les abandonner à la conscience de chacun.

Il y a une vingtaine d'années, l'ancienne justice classait la bestialité après la sodomie comme le plus atroce des crimes de luxure. Pour l'homosexualité, c'est Framboisier qui fut longtemps chargé de traquer les bougres dans les jardins publics, les promenades et les guinguettes. Je ne me souviens plus du nom de ces deux ouvriers surpris par le guet en 1750, rue Montorgueil, et condamnés au feu. Les grands seigneurs adonnés au « beau vice » n'ont jamais été poursuivis.

Si vice il y a, il est fort répandu. Peu avant la Révolution, le commissaire Foucault me montrait un gros livre dans lequel étaient inscrits les pédérastes notés par la police : il y en avait plus de quarante mille, soutenait-il.

25 mars

L'Angleterre et la Russie ont fait alliance contre la France. Alliance de régimes désespérés par l'Histoire. Les solitudes qui s'allient restent des solitudes.

29 mars

Je suis rentré cette nuit d'Arras, où nous avons suivi la trace de fabricants de faux assignats. Depuis mon départ de Paris, les aristocrates ont été décrétés hors-la-loi, les émigrés déclarés morts civilement, tous leurs biens confisqués.

Le tribunal criminel extraordinaire est installé. On lui a attribué la salle de la Liberté, l'ancienne Grand'chambre du Parlement. Vestiges de la royauté, les ornements fleurdelisés ont été arrachés et remplacés par la Déclaration des droits de l'homme, les bustes de Brutus et de Lepeletier. Le président et les juges siègent sur une estrade, où sont disposés des fauteuils de velours derrière une table. À la gauche du président, les jurés ; à sa droite, les défenseurs. La table de l'accusateur public est au bas de l'estrade.

On a construit des gradins destinés aux accusés, une palissade pour contenir le public. L'accusé d'importance aura droit au fauteuil.

Le président Montané a fait prêter serment aux juges, à l'accusateur public et à ses substituts. Fouquier-Tinville a nommé les officiers du tribunal. Outre le greffier principal, il y a quatre huissiers, un concierge, deux garçons de bureau. On a fait choix de l'imprimeur Nicolas pour reproduire les jugements.

Je connais Montané comme un homme pondéré. Ce n'est pas l'*homo probus* idéal. Son obscurité lui tiendra lieu d'honnêteté.

30 mars

J'ai meilleur sommeil depuis quelque temps. Les nuits sans douleur sont bénies.

On est inquiet de l'attitude de Dumouriez. La Convention lui a envoyé Beurnonville, le ministre de la Guerre, et quatre commissaires.

1er avril

Nouvelles alarmantes de Belgique et de Rhénanie.

Nous avons arrêté les voleurs qui avaient dérobé des bijoux place des Piques. Ils ont du sang sur les mains.

2 avril

L'audience du nouveau tribunal a été ouverte au peuple. Il y a eu plusieurs discours. Pour annoncer que chacun était « à son poste ». Pour réfuter les calomniateurs qui dénoncent « un tribunal inquisitorial et un tribunal de sang ». Pour s'indigner contre « les traîtres qui trament sans cesse de nouveaux complots ».

Déjà, pour faciliter la mise en accusation des contre-révolutionnaires, Albitte a demandé la suppression de la commission chargée de surveiller l'instruction des procès. « Quand il s'agit de juger des conspirateurs, il n'y a plus de formes à suivre. »

Adopté.

3 avril

J'ai salué tout à l'heure mademoiselle Adeline, toujours vive et piquante, avec dans le regard un trait de lassitude ou de mélancolie. Elle se rendait au Palais-Égalité, au théâtre de la Montansier, l'ancien théâtre des Beaujolais.

La Montansier vient de rentrer de Bruxelles, où elle a suivi l'armée de Dumouriez et dirigé la troupe du théâtre de la Monnaie, rebaptisée *Troupe des comédiens de la République française*. Son théâtre, son salon sont des lieux de débauche. Je tiens la Montansier, qui possède dix-sept arcades du Palais-Égalité et loue ses appartements aux filles, pour une maquerelle habile, agissante, faufilée dans tous les mondes.

Les mœurs ne sont pas ma partie. Je le regrette pour la première fois. J'aurais pu protéger ma jolie voisine dans ce milieu de politiques et de financiers jouisseurs, escrocs, corsaires en tout genre, échauffés par les désordres du temps. En la quittant, j'emportai son sourire, comme les hirondelles, dans mon enfance, piquaient dans leur vol un brin de paille doré.

J'aurais aimé qu'un temps plus doux lui permette de découvrir davantage ses charmes.

Dans la beauté des femmes, c'est la silhouette qui tue.

4 avril

Les révoltés vendéens se sont constitués en « armée catholique et royale ».

À mon retour, ce soir, rue Vieille-du-Temple, une petite chatte affamée attendait devant ma porte. J'ignore comment elle a grimpé les étages. Je lui ai donné un bol de lait coupé d'eau. Elle ne s'est pas laissé approcher.

5 avril

La trahison de Dumouriez a renversé les esprits comme un boulet de canon.

Après avoir livré aux Autrichiens le ministre de la Guerre et les commissaires envoyés par la Convention, après avoir tenté de retourner ses troupes contre Paris, le vainqueur de Valmy, le héros de Jemmapes vient de passer à l'ennemi avec ses généraux. La Belgique est perdue. La défiance s'insinue. Le soupçon est partout. Je me souviens de Lebrun-Tondu donnant à sa fille les prénoms de Jemmapes-Dumouriez. Qui sera le prochain à trahir ?

La Convention vient de renforcer les pouvoirs de l'accusateur public. Il peut désormais, sur simple dénonciation, faire arrêter, poursuivre et juger tout prévenu de conspiration (à l'exception des membres de la Convention, ministres et généraux).

– Voilà Fouquier-Tinville maître du tripot, a conclu Chêneville.

Pour se loger à la Conciergerie, lui et sa famille, Fouquier-Tinville dispose de deux étages de la tour de César, entre la tour de l'Horloge et la tour d'Argent. Il a aujourd'hui quarante-six ou quarante-sept ans, l'œil sombre, la nuque brune, la mine renfrognée dans un buisson de sourcils noirs. Je lui crois la tête pleine de tumulte. Mes espions le disent porté à boire, et irritable quand il a bu.

6 avril

Gentilhomme poitevin, revenu à Bourg-de-l'Égalité après avoir quitté la France, arrêté en possession d'une cocarde blanche et d'un bouton fleurdelisé, Louis Guyot des Maulans a comparu devant le tribunal sous le coup de la loi contre les émigrés.

Lecture de l'acte d'accusation, déposition des témoins, réquisitoire de l'accusateur public, exposé de la défense, délibération des jurés, opinion des juges, prononcé du jugement... le procès a eu lieu dans les formes. Maulans a été condamné à mort et guillotiné à la lueur des torches.

Le Comité de salut public vient d'être créé. Composé de neuf membres, renouvelable tous les mois, il imposera ses ordres aux ministres. Danton fait partie des élus.

7 avril

Un citoyen sorti se soulager a chevillé un militaire au moment où il allait sabrer une femme, dans l'arrière-cour d'un boucan des Forgerons. Il a ameuté. Du monde est accouru. L'homme est un déserteur de l'armée du Nord, comme il y en a tant dans Paris. Quand on le lui a amené, peu s'en est fallu que Cloüet ne l'assomme.

Les noms, prénoms, surnoms, qualités, âges de tous les habitants doivent être affichés dans les rues, à la porte de chaque maison. Mesure de police, qui convient au contrôle des individus comme à l'organisation du rationnement.

La petite chatte est revenue. Je tâcherai de laisser, chaque soir, un bol de lait devant ma porte.

8 avril

Je viens d'apprendre qu'après le repli de Custine, abandonnant Mayence avec ses troupes, la ville a été investie par les Prussiens.

Bruiant m'écrit qu'il a assisté il y a quelques jours à la représentation du *Mariage de Figaro* de Mozart, à l'Académie nationale de musique. La nouveauté de cet opéra parlé et chanté l'a d'abord déçu. Le spectacle lui semblait devoir s'éterniser. Mais quand la partie chantée a commencé, quelles délices ! quelle folle soirée ! La gaîté comique, le frémissement des passions, les aveux de l'amour portés par la musique ont fait oublier les petits jeux d'esprit de Beaumarchais.

Bruiant se dit l'oreille pleine de mélodies d'une grâce et d'une puissance inouïes.

9 avril

Les inculpés qui ont paru aujourd'hui devant le tribunal ont été acquittés ou renvoyés devant une autre juridiction.

On murmure contre les costumes des juges et de l'accusateur public, qu'on voudrait moins pompeux. Alors que les jurés en habit ordinaire forment une frise hérissée de chapeaux à cornes, catogans et bonnets rouges, les juges portent l'habit noir sous un manteau court et flottant avec, en sautoir, un ruban tricolore auquel est attachée une médaille sur laquelle est inscrit : « La Loi ». Leur tête est couverte d'un chapeau rond relevé sur le devant et surmonté d'un panache de plumes noires. Même costume pour l'accusateur public, à la différence que les plumes de son chapeau sont couchées et que la médaille porte comme inscription « Sûreté publique ».

On est loin du bonnet carré et de la robe rouge de l'ancien Parlement. Il n'empêche. Le chapeau à la Henri IV et tout ce *décorum vestimentaire* les ont fait surnommer « les empanachés ».

10 avril

Canonnier, ancien grenadier au régiment du roi, Nicolas Luttier a été condamné et guillotiné comme contre-révolutionnaire. Après avoir abordé un groupe d'ouvriers, rue de la Huchette, il leur a déclaré qu'il avait une âme, qu'elle était pour son roi, que la France était perdue s'il n'y avait pas un roi, parce qu'elle était trop grande pour une république.

Le président lui ayant demandé s'il avait une dernière déclaration à faire, Luttier a répondu qu'il ne pardonnerait jamais sa mort à ceux qui le condamnaient, attendu qu'il était ivre et ne savait ce qu'il disait.

11 avril

Autres fumées. Il y avait dans mon rêve une cuisse de femme large, lourde, puissante, qui pesait sur moi. Je dis sur « moi », mais il ne se trouvait là qu'une queue, étonnée par la douceur de cette peau, excitée par sa proximité. Et les voilà, la cuisse et la queue, se frottant l'une à l'autre, brillantes, caressantes, tournoyant au milieu de grands espaces sombres où elles allaient se perdre jusqu'à n'être plus qu'un point lumineux au fond de la nuit.

12 avril

Au terme de longs débats, la Convention a décrété Marat d'arrestation à la prison de l'Abbaye. Voilà ce diable d'homme, noiraud, grinchu, brutal, balbutiant, que la Gironde dénonce comme massacreur et incendiaire, voilà l'Ami du peuple forcé de se cacher.

Paris manque de pain. Les files d'attente aux portes des boulangeries explosent en émeutes. Les guenilles réclament de vivre. Il faut monter dans les étages pour découvrir la misère de Paris dans ces galetas où la faim et le froid sabrent des fantômes. Combien y en a-t-il de ces malheureux, de ces mange-ténèbres qui rôdent comme des spectres et tombent à tous les vices, le crime, le vol, la putanerie ?

Il est urgent que la Convention fixe le maximum du prix du blé.

13 avril

Depuis quelques jours, plusieurs sections, le Bon-Conseil, les Gravilliers, le Théâtre-Français, les Quatre-Nations... s'agitent contre une vingtaine de députés girondins, qu'elles accusent de contre-révolution. Des pétitions circulent. Cloüet m'a demandé avec empressement si j'avais signé.

J'ai fait provision de grains d'opium auprès de Cadet-Gassicourt, rue Saint-Honoré. Il ne m'a rien caché. Je suis *dans un état qui menace ruine*. Mon mal est incurable. Ulcérations internes, selles ensanglantées : la maladie me laisse deux ou trois ans à vivre. Voilà mon maximum. L'estomac se remplit de squirres et sa substance est détruite. Je dois m'abstenir de tout excitant, vins, spiritueux, épices et autres aliments propres à enflammer la partie.

Ce sera pour demain. J'ai ouvert en rentrant une bouteille de bourgogne pour chasser la mélancolie.

14 avril

Il y a du nouveau dans l'affaire des voleurs de la place des Piques.

Condamné à la déportation, un membre de la bande, Louis Fauque, a demandé à me voir. Il a assuré pouvoir me conduire à l'endroit où sont cachés quelques-uns des bijoux recherchés après le vol du Garde-Meuble, en septembre, place de la Révolution.

C'est qu'il a fait partie de la trentaine de brigands déguisés en gardes nationaux qui, pendant cinq nuits consécutives, ont dérobé les joyaux de la couronne, bijoux, pierres précieuses, perles fines, diamants prestigieux comme le Grand Diamant bleu, le Grand Moghol, le Régent, le Sancy...

Fauque revit à cette évocation. Ses yeux s'allument. Ses mains s'agitent. Le bijou efface tout. Jusqu'à la mort que ses complices, Meyrand, Gallois, Lire, Miette, Mauger, Cottet, ont trouvée sur l'échafaud. Mais qu'est-ce que la crainte de la mort auprès d'un bijou ? Qu'est-ce qu'une tête tranchée auprès de ces pierres somptueuses qui traversent l'Histoire, incendiées par la convoitise, grandies dans le désordre du monde...

15 avril

Comme je le supposais, il n'y avait aucun bijou à l'endroit où nous a menés Fauque. Il n'aura pas longtemps retardé *la guillotine sèche*, sa déportation en Guyane.

Lieutenant au gouvernement des Îles françaises Sous-le-Vent, convaincu d'avoir favorisé les contre-révolutionnaires de Saint-Domingue, dont le signe de ralliement était un pompon blanc, Philibert-François Rouxel, dit Blanchelande, a été condamné à mort malgré le vif plaidoyer de son avocat. Il a été guillotiné cet après-midi.

La demande de destitution des députés girondins va son train. Pache, le maire de Paris, l'ancien Girondin passé à la Montagne, l'a présentée à la Convention au nom de trente-cinq sections parisiennes.

16 avril

Le sang attaché à ses chaussures a permis de confondre Jean Joseph Lacroix, qui avait attiré chez lui Étienne Cousin, l'aumônier du couvent des Annonciades Célestes, rue Culture-Sainte-Catherine.

Lacroix avait promis au prêtre de le soustraire à la fureur populaire et de lui faire quitter Paris. Dès qu'il a vu l'argent convenu, il lui a donné avec rage plusieurs coups de couteau.

17 avril

Ma mère aimait beaucoup le jambon. Quand, autour de la table, chacun de nous en avait une tranche dans l'assiette, elle souriait d'aise et rayonnait, comme on voit les madones entourées d'un halo dans les tableaux d'Église.

Le Tribunal criminel révolutionnaire a déchargé d'accusation Étienne-Emmanuel Prieur, frotteur à gages, et Thomas-Pierre Petit, marchand de chiffons, prévenus de s'être exprimés dans l'ivresse en faveur de la royauté.

18 avril

Jeanne-Catherine Clere, cuisinière domestique dont le maître habite rue des Poulies, a eu moins de chance que Prieur et Petit. Pour avoir tenu dans plusieurs cafés, à des époques différentes, des propos « tendant à provoquer le massacre de la Convention nationale, la dissolution de la République et le rétablissement de la royauté en France », elle a été condamnée à mort. L'exécution aura lieu demain.

On trouve dans le prononcé du jugement une emphase qui tend au ridicule. Il y a loin des propos extravagants tenus sur la royauté par une cuisinière aux provocations de véritables comploteurs au service de la tyrannie.

19 avril

Anne-Hyacinthe Vaujours, ci-devant colonel du troisième régiment de dragons de l'armée de

Dumouriez, a été condamné à la guillotine pour avoir appelé au retour du roi par le meurtre et l'incendie chez le citoyen Leveau, teinturier rue de Bièvre, et chez le citoyen Bertin, tapissier rue Mouffetard.

L'homme est apparu aux jurés comme « un aristocrate décidé ».

20 avril

Ci-devant prieur du ci-devant prieuré de Clisson, Antoine-Jean Clinchamp a été convaincu d'avoir composé et fait imprimer un écrit de quatorze pages, intitulé *Aux amis de la vérité*, « lequel écrit provoque au meurtre, à la violation des propriétés, à la dissolution de la représentation nationale et au rétablissement de la royauté ». La même audience a conduit à la guillotine Gabriel du Guigny, ci-devant lieutenant de vaisseau, coupable d'émigration. Guigny ayant demandé de partager quelques instants, sans témoin, avec mademoiselle Urban, *la seule personne au monde à laquelle il fût attaché*, Fouquier-Tinville a marqué les dangers d'une telle entrevue. Refusé.

– Eh bien, commissaire, vous tenez registre des passeports pour l'autre monde que délivre Dame Guillotine ?

– Plus ou moins, Chêneville, plus ou moins.

En quittant la salle de la Liberté, le désordre et la saleté des couloirs gorgés de monde m'ont de nouveau frappé. Une odeur acre d'urine se mêlait à celles des nourritures aux étals. La foule se pressait en tous sens. Au milieu du tumulte, des filles publiques arrêtaient des patrouilles de sans-culottes. Des chiens, plus loin, se disputaient un chiffon.

21 avril

La température est descendue à deux degrés au-dessous de zéro. Il a gelé à glace cette nuit. Mauvaise nuit. J'errais dans l'insomnie comme un fantôme sans refuge. Après quoi, enfiévré, englouti, je basculai dans le cauchemar d'un ciel de boue.

22 avril

La plaidoirie de son avocat rappelant ses vertus et ses exploits militaires a porté ses fruits. Après cinq heures de débat, Louis François Alexandre Harambure a été déchargé de toute intention criminelle et remis en liberté. *La Gazette des tribunaux* en tire argument. « Le jugement du général, écrit-elle, doit imposer silence à tous les malveillants qui ont osé peindre le Tribunal révolutionnaire comme l'écueil de toutes les vertus et du bon droit. »

23 avril

Marat s'est constitué prisonnier à la Conciergerie en vue de son procès. Montané lui a fait donner une chambre au palais, refusant que l'Ami du peuple passe une seule nuit en cellule au milieu de ses ennemis.

24 avril

– Citoyens, ce n'est pas un coupable qui paraît devant vous, c'est l'apôtre et le martyr de la liberté.

Aimé du peuple, soutenu par les sans-culottes, Marat s'est facilement justifié des appels au crime et au pillage qu'on lui reprochait. Il a profité de sa défense pour dénoncer Roland, « le patron de la clique des Girondins », et fustiger *la crasse ignorance, l'absurdité, l'iniquité, la perfidie, l'acharnement et l'atrocité de ses vils délateurs*.

Applaudi à tout rompre, le Tigre des carrefours a été acquitté. Ceint d'un bandeau blanc et d'une couronne de chêne, il a été porté en triomphe à la Convention.

25 avril

J'ai reçu de mon cousin de Compiègne un gros jambon et deux pâtés de lièvre, que j'ai invité Bruiant, Chêneville et Cloüet à partager avec moi. Dîner d'hommes, arrosé de vin rouge de Bordeaux. À la fin du repas, Cloüet a entonné le *Ça ira* de Ladré, sur la musique du *Carillon national*.

Ah ! ça ira, ça ira, ça ira !
Les aristocrates à la lanterne.
Ah ! ça ira, ça ira, ça ira !
Les aristocrates on les pendra.
Si on n'les pend pas
On les rompra.
Si on n'les rompt pas
On les brûlera.

Chêneville a suivi avec le chœur solennel du *Chant du départ* de Méhul et Chénier, qui enthousiasme nos soldats sur les champs de bataille, et lève le frisson.

La République nous appelle ;
Sachons vaincre, ou sachons mourir :
Un Français doit vivre pour elle :
Pour elle un Français doit mourir.

Bruiant nous a rappelé quelques couplets du *Dîner des patriotes*, la comédie de Ronsin représentée au théâtre du Palais-Royal il y a deux ou trois ans. Il y avait quelque chose d'étrange à entendre sa voix flûtée entreprendre ensuite le duo de la Comtesse et de Suzanne, « Che soave zeffiretto », des *Noces de Figaro*.

J'ai dit à Victoire, qui fait mon ménage, de prendre pour elle une partie du jambon et d'apporter demain à mademoiselle Adeline le pâté qui restait.

26 avril

Mauvaises nouvelles de Vendée où, depuis plusieurs jours, « l'armée catholique » remporte des succès.

Rencontrée dans la rue Vieille-du-Temple, mademoiselle Adeline m'a remercié. De nouveau, son sourire a égayé ma journée. Un vieil homme est un vieux fou. Je me souviens du roman de Rétif de La Bretonne, *La Dernière Aventure d'un homme de quarante-cinq ans*. Il y a longtemps que j'ai passé l'âge du héros. Ma dernière aventure a eu lieu.

Bruiant ne manquerait pas de citer son cher La Bruyère. « C'est une grande difformité dans la nature qu'un vieillard amoureux. »

27 avril

Ex-gouverneur de Saint-Domingue, le général Desparbès était accusé d'avoir cherché à ébranler la fidélité des soldats envers la Nation. Plusieurs habitants de la colonie ont témoigné en sa faveur. Tronçon-Ducoudrai a terminé sa plaidoirie en invitant les jurés à faire descendre Desparbès du siège où la calomnie l'a fait monter « pour tomber dans les bras de ses concitoyens, et jouir de leurs hommages ».

Desparbès a été acquitté et remis en liberté, son verrou biffé.

On jugeait aussi François Boucher, dentiste-herboriste sans résidence fixe, allant de ville en ville offrir des secrets pour calmer les douleurs et triompher des maladies. Fouquier a souligné le danger que représentent ces *missionnaires de mauvaises paroles*. Descendu avec sa femme et ses enfants dans l'auberge du citoyen Pointepas, aux Fourneaux, dans le district d'Orléans, l'ivresse avait fait tenir à Boucher des propos incendiaires. Que Paris serait bientôt déchiré et anéanti par les révolutions. Que Dumouriez, en proie au chagrin et aux remords de s'être battu pour des brigands et des tyrans, viendrait les réduire, patience ! pour rétablir la royauté.

Arrêté le lendemain, il gémit ; il pleure ; il annonce des regrets et demande grâce.

À l'audience, sept témoins présents à l'auberge ont confirmé les faits. L'accusé a mis en cause son ivresse. Il a été condamné à la peine de mort.

Reconduit à la Conciergerie, il a répété plusieurs fois :

– Vive Louis XVII ! Au foutre la République !

Et la foule, en réponse :

– Ivrogne comme les charlatans, impudent comme les consultants d'urine, tu t'es fait trompette de Dumouriez, la guillotine te coupera le sifflet.

À la même audience, Désiré-Charles Mingot, cocher de place âgé de vingt et un ans, a été condamné, lui aussi, à la peine de mort. Arrêté à Paris dans un café, peu avant minuit, il a tenu des propos contre-révolutionnaires à la patrouille de la Halle-aux-Blés qui l'emmenait au violon, répétant que la nation était composée de voleurs, de gueux, de scélérats, que les gardes nationaux étaient des Jean-Foutre, qu'il chiait sur la nation, qu'il avait déserté de plusieurs régiments, qu'il avait servi tant qu'il y avait eu un roi et qu'à présent qu'il n'y en avait plus il n'était plus soldat.

28 avril

Nouvelles fumées. J'entrai cette nuit au bordel des Élégantes, chez la Dervieux, rue Chante-Reine, où je me vis aussitôt entouré d'actrices et de courtisanes du bon ton. Souper splendide, vin de Champagne, table de jeu où roulent les louis. Des portes s'ouvrent qui mènent aux chambres. Je reconnais la blonde Huberti, entourée de Boston et Louise, qui, brunes l'une et l'autre, font ressortir la blancheur de son teint. Plus loin, une métisse des îles tient dans ses mains un assortiment de verges à poinçons et à nœuds. Une Cauchoise m'attire, la poitrine découverte, ses seins s'offrant d'eux-mêmes, deux fraises éclatantes dans une crème de lait, sur lesquelles je m'abats, faisant aller ma langue, doucement d'abord, en pays de découverte, avant de la faire plus dure, s'aiguisant sur le bout d'un téton, quand tout à coup les filles réunies chantent autour de moi :

– Et pour elle un Français doit jouir.

Je me suis réveillé plein de confusion, avant de sourire de ma gêne, cherchant (vainement) à retrouver le rêve interrompu.

30 avril

On rappelle partout qu'il faut tirer au sort depuis dix-huit jusqu'à cinquante ans pour porter secours aux troupes républicaines en Bretagne et en Vendée.

La petite chatte, que j'ai appelée Éfi, vient chaque soir laper son bol de lait. Elle refuse toujours de se laisser approcher.

1er mai

Antoine Juzeau sera guillotiné demain pour avoir quitté le territoire de la République au mois de décembre dernier. Il y est revenu en mars. Les jurés unanimes ont demandé l'application de la loi.

On a retrouvé au bois de Boulogne, pendu par les bras à un arbre, un homme nu, roué de coups par tout le corps. L'inégalité et le nombre des contusions, les traces de pas sur le sol témoignent que les assassins devaient être quatre ou cinq.

3 mai

Après les orages et la grêle des derniers jours, Paris baignait ce matin dans une lumière pénétrante et douce, qui réchauffait les cœurs.

On jugeait à l'audience une curieuse affaire où l'escroquerie se mêle à la contre-révolution. François-Auguste-Renaud Beauvoir, ci-devant comte de Mazu, ancien lieutenant dans la légion de Luxembourg, Jean-Nicolas Bréard, ancien commissaire de la marine, Pierre-Paul Kolly, ancien fermier général, et son épouse sont accusés d'avoir cherché à emprunter des fonds sous le prétexte de relever la Caisse de commerce de la rue de Bussy. Leur intention était de faire passer ces fonds aux frères de Capet, dont ils montraient la signature, au bas d'une obligation promettant leur gratitude quand la royauté serait rétablie.

Dénoncés à la Sûreté générale, celle-ci a mis en place un piège efficace. L'inspecteur Gautier a loué une chambre à l'hôtel des Étrangers sous le nom de Gérard, ci-devant marquis de Prouville (l'inspecteur Rousseau tenait le rôle de son domestique). Beauvoir s'est rapidement démasqué. Persuadé d'avoir affaire à un partisan de la monarchie, il a confié à *Gérard de Prouville* que Dumouriez serait vainqueur, que quatre membres de la Convention étaient avec eux, que les diamants volés au Garde-Meuble étaient cachés dans une île d'où on les retirerait au retour des princes, que Roland, ministre de l'Intérieur, était dans leurs intérêts, que le plan de rétablissement de la Caisse avait été approuvé par Calonne lui-même, en exil.

J'ai su par Gautier, présent à l'audience, que le document signé de *Stanislas-Xavier Monsieur* et de *Charles-Philippe comte d'Artois* était un faux. On ignore si l'intention des prévenus était de s'enrichir personnellement ou de servir la contre-révolution. L'accusation a retenu le complot contre la République. Les jurés ont conclu à la peine de mort.

4 mai

Il fait chaud. Paris pétille. Le monde redevient visible. Madame Broquin rappelle par voie d'affiche qu'elle continue de vendre ses pots de pommade pour teindre les cheveux rouges ou blancs au prix de cinq livres, chez messieurs Doyet, coiffeurs de dames, rue des Vieilles-Tuileries. Au Palais-Égalité, le magasin de madame Lisfrand, *Au Pavillon d'or*, propose aux citoyennes des redingotes à la républicaine, des robes rondes à la carmagnole, des robes chemises à la Fanfan, des jupes à la grecque, toutes *d'une tournure admirable*.

8 mai

L'affaire du pendu du bois de Boulogne a marché. Il a d'abord été impossible d'identifier la victime, tant les coups de bâton ont été violents. Du sommet du crâne à la plante des pieds, ce corps noir n'était plus qu'une plaie.

Hier, dans la nuit, peu après minuit, le froid est revenu. La demoiselle Sophie, une brune efflanquée qui exerce le métier à l'hôtel de la Chine, rue Neuve-des-Petits-Champs, nous a prévenus qu'un particulier pris de boisson, et à cette heure endormi chez elle, lui avait montré une poignée de louis d'or *gagnés à la force des bras*. La patrouille l'a emmené. Je l'ai interrogé ce matin. L'homme avait l'œil globuleux, le teint cuivré de ceux qui exposent leur visage au plein air et brûlent leurs entrailles à l'eau-de-vie. Menacé du Tribunal révolutionnaire, « Tu le connais, Fouquier-Tinville ? Tu l'as vue fonctionner, la guillotine, place de la Réunion ? Tu veux y mettre la tête ? », il a fini par avouer.

Il dit se nommer Sébastien Poussin, cocher de maison, sans emploi. Qu'il s'est lié d'amitié avec François Lécluse, un grand sec, flandrin, le cheveu blond et abondant, portant beau, qu'il retrouvait au Café d'Alexandre, boulevard du Temple. Qu'ancien domestique du comte de Fressan, ce dernier l'avait chargé de veiller sur les biens restés dans son hôtel quand il avait émigré. Poussin ne savait rien de leurs arrangements. Toujours en est-il que le retour du ci-devant avait renversé les plans de Lécluse, qui avait fait main basse sur le trésor. De là qu'il avait assommé son ancien maître et recruté quelques domestiques, valets, cochers de sa connaissance.

Avec Lécluse, ils étaient quatre à frapper, excités par l'alcool et le feu des louis.

Sur la question de savoir qui sont ces complices, où demeure Lécluse, Poussin ignore tout. Je le crois.

9 mai

En application de la loi, Jean-François Vincent Rivier-Mauny, ancien capitaine des dragons, aide-major des gardes suisses du ci-devant comte d'Artois, demeurant à Châteaudun, et Louis Alexandre Beaulieu, négociant à Paris, ont été condamnés à la peine de mort. Le premier a été convaincu d'avoir émigré et fait passer des fonds aux contre-révolutionnaires ; le second, d'avoir participé à ces secours.

Le public en a été content.

– Ils paieront de leur tête leur attachement aux princes.

Avant le prononcé du jugement, Dumont, premier juré, puis Leroy, surnommé Dix-Août, ont solennellement dénoncé *l'atroce calomnie* selon laquelle on cherchait à corrompre les membres du jury.

– Sauver la République en faisant punir les traîtres, délier les fers des innocents, mériter par l'équité la plus stricte l'estime de nos concitoyens : voilà l'unique objet de nos vœux et la seule récompense que nous ambitionnons.

10 mai

L'exécution de Rivier et de Beaulieu s'est déroulée sous les yeux des députés de la Convention qui venaient occuper leur nouvelle salle de séances au palais des Tuileries. C'est, au premier étage, entre le pavillon de l'Unité et celui de la Liberté, l'ancienne salle des machines où l'Opéra et la Comédie-Française ont, en leur temps, trouvé refuge.

Il faut parler comme gens de spectacle : côté jardin, les banquettes réservées aux députés ; côté cour, le fauteuil du président, la tribune et les bureaux des secrétaires. Les gradins prévus pour le public peuvent accueillir mille cinq cents spectateurs. Partout des draperies, des faisceaux, des antiques et, comme au Tribunal, le buste de Lepeletier.

Il faut parler comme gens de spectacle : l'orateur sera-t-il bien en vue ? Sa voix portera-t-elle ? Quelles sont les *machines* qui font aller le théâtre de la République ?...

– Ni théâtre ni tribune, me dit Bruiant, mais le champ clos d'un combat, comme l'arène où l'on donne à la Barrière les combats de taureaux, de dogues ou de loups.

« En attendant le clou du spectacle, l'affrontement que tout le monde attend : l'âne livré aux chiens.

15 mai

Je reviens de Compiègne, où mon cousin m'a logé quelques jours. Parenthèse de mai. Promenade en forêt. Le printemps agitait ses grelots. Dans les sous-bois, les mailles lumineuses des frondaisons m'ont ramené aux jupes de ma mère. J'oubliais Paris, la Convention, la Vendée. J'oubliais tout.

J'ai lâché mes carnets. L'insouciance de l'air m'a gagné, comme elle a gagné les jurés du tribunal. Soucieux d'impartialité, ils ont multiplié les acquittements, m'a dit Cloüet.

J'ai rapporté de la campagne des fruits, des légumes, des œufs et du beurre, dont j'ai composé un panier pour Bruiant, là-haut, sur sa colline, un autre pour mademoiselle Adeline.

16 mai

Fumée. Mes belles aux bras blonds, aux longs doigts déliés, quelle sève ai-je sucé en vous aimant cette nuit ? Agrippé à des croupes qui tombaient en cascade, je me trouvais heureux, faune vif et rieur entre sources et bosquets, ma queue livrée aux nymphes qui, de leur bouche, de leurs doigts, attisaient son ardeur. Et les voici me tirant, me poussant jusqu'aux pieds de Vénus, qui m'apparut comme la vie en personne lorsque, prenant mon vit entre ses mains, elle l'introduisit en elle en souriant.

(Je note que deux grains d'opium avec un verre de ratafia me procurent le meilleur sommeil.)

17 mai

Les armées vendéennes ont subi une défaite, hier, à Fontenay.

On jugeait à l'audience Joseph Miaczinski, Polonais de naissance, général de brigade, prévenu d'avoir « méchamment et de complicité avec le traître Dumouriez » cherché à provoquer la dissolution de la République en marchant sur Lille pour livrer la ville aux Autrichiens.

Le nom de Dumouriez est un nœud coulant. C'est un nom qui affûte le fil du couperet. Du reste, la trahison est établie. Miaczinski a été condamné à mort. Le jugement sera exécuté sur la place de la République, où, après celle de la Réunion, est dressée maintenant la guillotine.

18 mai

Je songeais tout à l'heure à ce tréfonds de l'Histoire et du Temps où nous sommes. Qui peut prendre la mesure d'une révolution ? Est-ce ruine, désastre, élan, refondation ? Nous ignorons ce que c'est, nous y sommes sans savoir. Les guêpes sont ivres. Les cavales battent la campagne. Les hommes se jettent au fracas des massacres, des souffrances, des sacrifices, des défis, pour se rendre maîtres du Temps, le dernier despote, le tyran à abattre.

L'ordre des jours s'est révolutionné quand la pointe des piques a traversé la tête du gouverneur de la Bastille. Depuis, dans la fièvre, sans répit, jour et nuit, tant de discours, discussions, décrets, appels, promulgations, dénonciations, plaidoiries, réquisitoires, pétitions, ultimatums se sont succédé ! C'est la Parole contre le Temps, la Parole agissante de la Révolution contre le Temps qui passe et qui veut que tout passe, hors Dieu, bien sûr, et l'Église, et la Monarchie, ses filles. Non.

19 mai

On a appris que Miaczinski avait obtenu trois jours de suspension d'application de sa peine, ayant des révélations à faire.

20 mai

Si j'assiste si souvent aux séances du Tribunal révolutionnaire, c'est que la vérité de notre histoire se joue sur cette scène. Pour aujourd'hui, j'étais dans la salle voisine, à l'audience du tribunal criminel, connaissant la victime de l'agression qui y était jugée.

La nuit du 14 au 15 décembre, Jean-Baptiste Morau, garçon boulanger, attaque avec plusieurs complices le citoyen Ève, sous le premier guichet du

Louvre. La bande se dispose à l'étrangler, quand la victime pousse des cris, ameutant la Garde nationale qui réussit à arrêter Morau sous le second guichet et découvre par terre, non loin de lui, une canne à dard, dont il s'est débarrassé.

À l'audience, le prévenu nie les faits.

– J'entends crier à la garde. Je poursuis ceux qui fuient. Je répète plusieurs fois : « Arrêtez, arrêtez ! » Je rencontre sous le deuxième guichet un particulier. Il me paraît suspect, je le saisis, il résiste. Nous luttions au moment où, malgré mon innocence, la Garde nationale m'a privé de ma liberté.

Peine perdue. Les témoins sont formels et prouvent la fausseté du récit. Morau est condamné à la peine de mort.

La préméditation de l'homicide ayant été retenue, il sera exécuté revêtu de la chemise rouge des condamnés pour crime d'assassinat, d'incendie ou de poison.

22 mai

Le délai a pris fin. Le général Miaczinski n'avait rien à dire, de sorte qu'il a été exécuté à onze heures ce matin. Le bourreau a fait le tour de l'échafaud en montrant sa tête au peuple.

Je me demande comment Miaczinski a vécu ce sursis au bord du gouffre. A-t-il joui de ces trois jours gagnés sur le néant, senti la vie qui bat, ses mains qui serrent ses genoux, ses yeux qui dévorent la beauté du monde ? S'est-il désespéré de l'amertume de chacune de ces secondes dévorées par la Mort ?

Après Miranda, Lanoue, Thuring acquittés, on jugeait à l'audience un autre officier, le colonel Devaux, prévenu de s'être chargé d'un ordre de Dumouriez après sa trahison. Les témoins à charge ont déposé qu'il avait l'intention d'exécuter cet ordre. Les témoins justificatifs ont rappelé ses vertus militaires. Il a été condamné.

On disait dans la foule que la tête du général viendrait bientôt rejoindre celle de son colonel.

24 mai

Hébert, le substitut de Chaumette à la Commune, l'ennemi acharné des Girondins, qui a fait du *Père Duchesne* le journal le plus populaire de la Révolution avec ses rafales de « bougre » et de « foutre » lâchés en pleines pages, Hébert vient d'être arrêté sur ordre de la Convention pour un article accusant les Brissotins, les Girondins, les Rolandins, les Buzotins *et toute la foutue séquelle des complices de Capet* de chercher la guerre civile. Varlet, l'autre harangueur enragé des Cordeliers, a été arrêté lui aussi, de même que Dobsen.

En sera-t-il comme pour Marat ? Ce *bougre d'Hébert* sera-t-il libéré ?

Je comprends l'importance d'une langue violente, fracassante, vulgaire, dont les *Foutre !* incitent à l'émeute, comme des brûlots d'enthousiasme qui relancent l'énergie populaire. Bruiant est moins indulgent à l'égard d'Hébert.

– C'est le Jupin de la crapule, avec son foutre à la bouche, comme l'autre a son foudre à la main.

26 mai

Le camp de Famars envahi par les Impériaux, Fontenay livrée à l'armée vendéenne, la Corse insurgée contre la République... comment lutter sur tant de fronts différents, si éloignés les uns des autres, réclamant chacun des mesures d'exception ?

J'ai croisé dans la journée plusieurs groupes de tricoteuses appelant à délivrer Hébert de sa prison de l'Abbaye. Rugissantes, échevelées, armées de cris, de piques et de couteaux, elles apostrophent les passants, comme elles interpellent les députés à la Convention, les orateurs dans les clubs, les juges au tribunal, jouissant de cette puissance d'injure et d'apostrophe où j'entends le haro des ménades antiques prêtes à déchirer leur proie.

27 mai

Hébert, Varlet et Dobsen ont été relâchés sous la pression des sans-culottes. La Gironde s'affaiblit dans chacun de ces échecs.

Éfi vient maintenant chaque soir laper son bol de lait.

28 mai

Nouvel acquittement en faveur d'un général. Accusé de correspondances avec les ennemis de la Nation, soupçonné de n'avoir pas pris les mesures nécessaires devant les Prussiens alors qu'il commandait l'avant-garde de l'armée de Belgique, Stengel a été déchargé et remis en liberté. Les témoins ont déclaré le prévenu « un excellent patriote, un militaire expérimenté, prudent et valeureux ».

S'adressant au tribunal, Stengel a reconnu que dans une République naissante *la suspicion était nécessaire*. Mais jusqu'où la porter ? À quel moment la vigilance se tourne en poison ? Comment concilier la rage du soupçon et la fraternité révolutionnaire ?

29 mai

Lyon est en révolte. Chalier, qui exerce un pouvoir violent sur la ville au nom de la Convention, a été arrêté, ainsi que plusieurs responsables jacobins.

À l'Évêché, Dufourny, des Cordeliers, l'auteur des *Cahiers du quatrième ordre, celui des pauvres journaliers, des infirmes, des indigents, etc.*, qui défendait en 1789 « l'ordre sacré des infortunés » qui échangent leurs forces et leur santé contre un salaire de misère, a participé avec Varlet et Dobsen à la mise en place d'un Comité secret de la Commune. L'insurrection se prépare.

30 mai

Prévenus de correspondance avec l'émigration, on jugeait aujourd'hui Pierre La Huproye, Pierre Le Muet et l'abbé Jean Maydieu (à demi célèbre pour ses travaux littéraires, parmi lesquels son roman de *L'Honnête Homme*).

La poste de Langres avait intercepté une lettre de Bâle adressée à *Le Muet et Cie*, rue du Dauphin, à Troyes. Soumise à l'épreuve du feu, elle avait fait apparaître des caractères tracés à l'encre sympathique. Le Muet y était désigné comme un intermédiaire. On y parlait de Maydieu, chez qui on a trouvé deux flacons de la même encre.

La Huproye et Le Muet ont été condamnés à la déportation en Guyane. Le chanoine Maydieu a été acquitté, avec des recommandations du président Montané :

– Le tribunal vous invite à continuer à faire de vos talents le même usage que vous en avez fait jusqu'à présent pour le bonheur de vos concitoyens, c'est-à-dire à continuer de joindre aux lumières de Solon les vertus d'Aristide.

Sachant que l'abbé Maydieu est l'auteur d'un *Éloge de Louis XII* et d'une *Histoire de la vertueuse Portugaise ou Le Modèle des femmes chrétiennes*, je me demande ce que Fouquier-Tinville a pensé de ces encouragements publics.

31 mai

La journée sent la poudre, m'a dit Cloüet, impatient de voir la Montagne se venger des poursuites contre Hébert et Marat.

Le tribunal a acquitté Claude-François Laurens le Jeune, libraire à Paris rue Saint-Jacques, accusé d'avoir imprimé et vendu des ouvrages anticiviques, comme le *Plaidoyer pour Louis XVI fait par le citoyen Jean-Jacques Liberté*. Aucune intention criminelle ou contre-révolutionnaire n'a été retenue.

Je ne sais ce qu'est devenue la loge de Lesbos qui réunissait, il y a une vingtaine d'années, les femmes livrées « au doux art de la tribaderie ». Mesdemoiselles Raucourt, Arnould, Colombe avaient mis le vice à la mode. Chacune se donnait pour la nouvelle Sapho et les mystères de la secte Anandryne étaient mieux gardés que ceux des francs-maçons.

Ce matin, Sylvain Clairfonds, artisan tapissier au faubourg Saint-Antoine, alerté sur les mœurs de sa fiancée, la suit dans Paris. Il la voit pénétrer dans une maison du quai de la Mégisserie, où, au bout d'un moment, il se décide à entrer à son tour, pour découvrir sa promise entourée de trois femmes, toutes nues, et toutes abandonnées au plaisir amoureux. À peine commence-t-il à marquer sa colère que les quatre filles se jettent sur lui à coups de couteau, allant dans leur furie jusqu'à lui trancher le sexe.

Elles sont actuellement en fuite. On a dénombré sur le cadavre trente-trois coups portés.

2 juin

Depuis trois jours, Paris est dans la fièvre, Paris est sous les armes. On a tiré le canon d'alarme, le tocsin a sonné dans la nuit, les drapeaux des sections se sont dressés au son des tambours.

Dobsen, dévoué au Vicaire, a organisé l'insurrection, préparée depuis longtemps au sein des comités révolutionnaires. Plus de demi-mesure. Que tombent les tyrans ! Une liste de députés suspects avait été établie, dénonçant les égoïstes Girondins, amis de Dumouriez. Varlet leur promettait la guillotine. Marat appelait à les *septembriser* (voilà un joli mot, joliment formé, pour dire massacrer). Paris s'est déclaré « en insurrection contre la faction aristocratique et oppressive de la liberté ».

Hier, madame Roland, la Muse de la Gironde, a été arrêtée. Entourée de dizaines de milliers d'hommes, l'artillerie pointée sur elle, la Convention a été envahie ce matin par la Garde nationale à la tête de laquelle Dobsen a fait nommer Hanriot, le commandant de la section des Sans-Culottes. Ses hommes en armes se sont mêlés aux députés. Des Montagnards ont brandi leur pistolet à la tribune. Dans l'absence de leurs chefs, les Girondins ont fini par céder et livrer les conspirateurs. Vingt-neuf députés, auxquels s'ajoutent Clavière, ministre des Finances, et Lebrun-Tondu, ministre des Affaires étrangères, ont été décrétés d'arrestation.

Des représentants du peuple ont été abattus au nom du peuple. L'insurrection est souveraine.

4 juin

On juge au tribunal un complot impliquant vingt-sept personnes, prévenues de complicité dans une conspiration menée par un ci-devant marquis de La Rouërie, mort il y a un an ou deux.

Voilà une justice difficile à rendre.

Il s'agit de faire le tri.

6 juin

On apprend qu'un peu partout les villes de province d'où sont issus les Girondins se révoltent en réponse à l'arrestation des vingt-neuf députés.

7 juin

Nouvelles brumes de délices. Versailles était désert et dans Versailles désert je glissais en funambule dans la galerie des Glaces, qu'illuminait dans l'ombre l'éclat des girandoles. Le grand parc ondulait derrière les fenêtres. Le souffle du désir réveillait les miroirs, d'où surgit tout à coup une femme fée aux yeux bleus et brillants, aux lèvres magnifiques, qui m'installa sur un trône au milieu de la salle.

À peine y suis-je assis qu'elle me mange la bouche, introduisant sa langue comme la fleur du plaisir. Et puis, me repoussant, elle me tourne le dos et me livre ses fesses, où j'embrasse et je mords des nuances de peau, âcre, douce, poivrée, humide, lumineuse. Elle s'éloigne alors et se met à danser, tournoyant, bondissant d'une statue à l'autre, avant de sauter sur les bras du fauteuil, les jambes écartées au-dessus de moi. Tant de beautés offertes ! Voici mes mains sérieuses, et mes yeux impatients de la fente où nichent les neiges et les feux du plaisir, quand la fée disparaît, l'enchantement s'effondre, tous les miroirs se brisent, et des débris de verre qui saignent sur le sol naissent des serpents qui s'approchent du fauteuil.

Je me suis réveillé en sursaut.

Fût-ce en rêve, il n'est pas bon de s'asseoir sur un trône aujourd'hui.

8 juin

Le tribunal a acquitté Jean-Baptiste Poissier et Claude Moindrot.

Le premier avait dit, à propos des volontaires aux armées, que tout homme qui quittait sa femme et ses enfants ne les aimait pas. On avait trouvé sur lui l'*Almanach de Coblentz*. Par chance il ne savait pas lire.

« Il faut un roi », avait-on entendu. « Il faut la loi », avait crié Moindrot. L'éclaircissement a eu lieu.

10 juin

Les mauvaises nuits s'enchaînent. Les douleurs d'estomac m'ont fait vomir plusieurs fois. Je dois aller demain chez Cadet-Gassicourt chercher mes grains d'opium.

D'un côté, Lyon, Marseille, Caen, Toulon, Nîmes, Toulouse, Bordeaux sont en révolte ; de l'autre, l'armée vendéenne vient de prendre Saumur.

11 juin

Le tribunal a entendu Louis Béguinet, âgé de trente-sept ans, tapissier, demeurant rue de la Sonnerie à Paris.

Après s'être enrôlé dans la seconde compagnie de la section du Muséum pour combattre en Vendée, Béguinet s'est trouvé à dîner avec trois autres volontaires chez un marchand de vin, au coin de la rue des Frondeurs et de la rue d'Argenteuil. Discutant avec eux des affaires publiques, il leur a confié que son père, alors agent de change, avait fait parvenir aux émigrés de l'or et de l'argent dans de petits barils plongés dans des tonneaux de vin blanc. Passé à l'émigration, il se trouvait à présent dans les rangs de l'armée catholique. Quant à lui, Béguinet, le ci-devant comte d'Artois lui devait personnellement une somme de cent seize mille livres.

Langage de faraud ? D'ivrogne ? De tête brûlée ?

Béguinet a lancé aux camarades :

– Je crois que vous êtes trois bons garçons, puisque vous vous êtes enrôlés pour servir la patrie ; pour moi, mon plus grand plaisir serait de voir mon père, et si vous voulez suivre mon conseil et passer du côté des révoltés, votre fortune est faite.

Convaincu d'avoir tenu ces propos, il a été condamné à la guillotine.

13 juin

Éfi passe ses nuits par-delà les murs, dans les jardins voisins, mais elle répond à son nom et remonte de la cour, toute belle, toute blanche, quand je l'appelle dans l'escalier.

Impossible de la caresser. Il faut que je sois rentré, la porte fermée, pour qu'elle s'approche du bol de lait et des restes de nourriture laissés sur une assiette.

15 juin

Le pain, la viande, l'eau-de-vie, le sucre, l'huile, le riz, tout manque. La défiance à l'égard du papier-monnaie ajoute au désastre.

16 juin

Le hasard fait les choses à merveille. Tous les deux ou trois jours je croise dans la rue mademoiselle Adeline. Quelques mots échangés, un sourire, la journée s'en trouve transformée.

– Mais les emportements, les tendresses, les plaisirs de l'amour ?

– Tu te moques, Bruiant, tout ça n'est plus pour moi.

– Foutre ! comme dit *Le Père Duchesne*. Nous en sommes aux vieillards vénérables.

– Pour « vénérable », je ne sais pas. Mais l'âge est là, et la maladie qui me tord les entrailles. Pas question de m'embarquer. L'amitié, voilà tout.

– Une amitié ourlée de rêveries... Pourquoi pas ? Du reste, je m'en tiens à ce que Saint-Évremond dit de l'amour : c'est aller contre l'intention de la Nature, que de faire notre tourment d'une chose dont elle a voulu faire notre plaisir.

Et, après un silence :

– Il faudrait pourtant la retirer du métier...

– J'y pense, Bruiant, j'y pense.

17 juin

À la buvette du tribunal où je lui ai demandé de me rejoindre, Chêneville m'a rapporté en riant (quand on pense aux duretés du temps) ces *Couplets faits en patrouille* sur l'air de *Comment goûter quelque repos ?*

La chanson fait parler un garde de nuit qui veille, et qui soupire.

Qu'entends-je ? Quel bruit gracieux
Vient ici frapper mon oreille ?
Ah ! d'un couple d'amants qui veille,
Ce sont les baisers amoureux...
Mon œil bien tristement se mouille,
Quand je pense qu'en ces moments

Amour rend heureux des amants,
Et que moi... je suis en patrouille.

18 juin

Après dix séances d'auditions, après douze heures de délibération, les jurés ont rendu leur jugement sur le complot de Bretagne du marquis de La Rouërie.

Celui-ci s'était retiré sous le nom de Gosselin dans la maison d'un ami gentilhomme, Delamotte-Laguyomarais. Il y avait trouvé la mort à la suite d'une maladie et son corps, enduit de chaux, avait été enterré dans un bois. La découverte du cadavre avait déclenché des perquisitions, qui avaient mis au jour des lettres signées des frères du ci-devant roi. De là, un vaste filet d'arrestations impliquant les membres de plusieurs familles, leurs domestiques, leurs jardiniers, les médecins qui avaient soigné La Rouërie, tous accusés de conspiration contre la République.

Au moment où les départements sont en feu, alors que les Vendéens accumulent les succès, la fermeté est nécessaire. Douze des accusés ont été condamnés à la peine de mort, deux à la déportation, les autres ont été acquittés.

On disait dans la foule que la faute en revient aux prêtres scélérats qui, au nom du Crucifié, sèment la division et poussent les égarés à suivre son oriflamme.

– Laguyomarais a marché sous cette bannière. Lui et ses amis auront la palme de la guillotine.

Dans la charrette qui les menait à l'échafaud, les condamnés ont crié « Vive le roi ! » sous les huées des tricoteuses. L'exécution, m'a dit Cloüet, a duré treize minutes. Cela paraît fort peu. C'est, mécaniquement, une minute par condamné. Il faut croire que la guillotine répond au vœu de Guillotin qui avait promis une machine ôtant la vie « en un clin d'œil ».

20 juin

Nous avons réussi l'opération menée au Palais-Égalité contre la bande de voleurs de portefeuilles. La patrouille gardait les issues. Chêneville et Cloüet avaient repéré les chefs de meute. Une dizaine de personnes ont été arrêtées.

On se plaignait sous l'Ancien Régime du nombre prodigieux de vols de montres et de tabatières dans les églises. Les lieux et l'objet de leurs exploits ont changé, les voleurs demeurent.

21 juin

Un homme s'est pendu au bout de la rue Vieille-du-Temple. La faim, et toutes les misères.

Il ne s'est pas suicidé dans son galetas ni au bois de Boulogne. Il a noué sa corde à un crochet fixé au milieu du porche de la maison. De sorte que chacun a pu le voir se balancer, comme une chandelle de douleur, une loque de misère, jusqu'à ce qu'on vienne me chercher.

24 juin

La Convention a adopté la nouvelle Constitution préparée par Saint-Just et Hérault de Séchelles. Il y a ce qui touche à l'organisation du gouvernement, des assemblées, de l'administration. Il y a ce qui regarde les principes : la société pourvoit à la subsistance de ses membres ; les secours de l'État sont une dette contractée vis-à-vis de tous ; l'insurrection n'est pas seulement un droit, elle est « le plus indispensable des devoirs ».

25 juin

Roux, le représentant de la section des Gravilliers, ancien prêtre, membre de la Commune, a essuyé les huées de la Convention en défendant contre *l'aristocratie marchande* les droits des artisans, des ouvriers, les pauvres diables des faubourgs, les bras nus qui n'ont rien et souffrent mille maux.

– Vains fantômes que la liberté et l'égalité, a martelé l'Enragé, quand une classe d'hommes affame l'autre impunément.

Collot d'Herbois a crié à la contre-révolution, Thuriot à l'anarchie, Robespierre aux menées incendiaires.

Le Boutefeu de la guenille fait l'unanimité contre lui.

26 juin

Bruiant nous a invités, mademoiselle Adeline et moi, à l'accompagner à la représentation du *Siège de Thionville*, au théâtre de l'Opéra. Les paroles sont de Saulnier et Dutilh, la musique de Jadin. Voilà une sans-culottide dans les règles. Tirades enthousiastes, couplets patriotiques, agitations guerrières, mimiques outrées au milieu des canons qu'on tire sur la scène et la poudre qui brûle. Chacun des deux actes est prétexte à des scènes spectaculaires, qui enflamment le public et l'excitent à imiter l'héroïsme des soldats.

– C'est que la guerre est un spectacle, et l'on mène les hommes avec des chansons.

La soirée était douce. Avant de nous séparer, nous avons partagé une bouteille de vin d'Arbois sur les tables dressées dehors, au Palais-Égalité. Le temps, la vie, Paris s'écoulent. Que ce jardin est beau sous les charmilles dans la tiédeur du soir.

28 juin

Je me suis surpris à fredonner l'air de Jadin, *Tout mon sang est à la patrie*, au long de la matinée.

La Convention tient une nouvelle cible. Alors que depuis deux jours on pille les bateaux chargés de savon à la Grenouillère, au port Saint-Nicolas, au quai du Louvre, Robespierre a dénoncé Roux comme un intrigant qui se couvre du manteau du patriotisme pour provoquer des émeutes. Après s'être débarrassée des Girondins, ces scélérats vendus à la horde contre-révolutionnaire, la Convention ne se laisserait pas atteindre par les vociférations délirantes d'un prêtre forcené !

30 juin

Robespierre, Collot d'Herbois, Hébert ont obtenu l'exclusion de Roux du club des Cordeliers.

2 juillet

Un décret accorde une indemnité de dix-huit livres par jour aux jurés du Tribunal révolutionnaire. N'est-ce pas tourner en profession ce qui devrait être le devoir de tout citoyen ?

J'ai assisté à l'audience du tribunal criminel où paraissait Louis Hamon, prévenu d'avoir volé du plomb appartenant à la nation.

Le 3 mars de cette année, Baudry, surnommé Saintonge, blanchisseur, étend son linge, à six heures du matin, sur les gazons en face des Invalides. Apercevant du plomb entre deux pierres, il appelle ses amis Chotard et Rochette, et tous les trois découvrent plusieurs morceaux de plomb qu'ils mettent à l'abri. À sept heures et demie, un fiacre s'arrête, un particulier en descend et se rend droit au lieu où se trouvait le plomb. Cela paraît suspect. Baudry fait signe à plusieurs voisins. Déjà le particulier, remonté dans la voiture, crie au cocher de s'éloigner.

– Vite, vite, décampons ! Je vous défends de parler à personne du sujet de notre course !

On arrête le fiacre. Le cocher déclare que le particulier lui a demandé de le conduire devant les Invalides pour y prendre deux cents livres de plomb, déposées sur des pierres et gardées par des femmes ; que ledit particulier s'est écrié, en ne les trouvant pas, *sans doute les femmes ont emporté le plomb*.

Convaincu d'avoir acheté du plomb, propriété nationale, en sachant qu'il provenait d'un vol, Louis Hamon a été condamné à quatre années de fers et à l'exposition publique préalable d'une durée de quatre heures, attaché à un poteau placé sur un échafaud, avec, au-dessus de la tête, un écriteau sur lequel seront inscrits en gros caractères son nom, sa profession, son domicile et la cause de sa condamnation.

C'est une chose étonnante que le nouveau Code pénal n'ait pas aboli l'exposition publique du condamné, qui porte si nettement les marques humiliantes de l'ancienne justice.

3 juillet

Ma mère nous accompagnait quelquefois dans la forêt de Compiègne. Nous taillions des branches avec un couteau. À la halte, nous tranchions dans le pain. Ma mère, la promenade, la forêt, les branches avec lesquelles nous fouettions les fougères, le bourdon des mouches dans les puits de lumière, tout cela faisait une musique qui me reste au cœur.

4 juillet

Depuis le début du mois, les sections battent le tambour pour inviter à découvrir la nouvelle Constitution. Avec cela, fêtes et réjouissances. On tire le canon.

Au long de la journée, les quarante-huit sections sont venues à la Convention remercier les députés et se réjouir avec eux.

À son tour, le Tigre des carrefours se déchaîne contre Roux, « faux patriote exalté », dont il connaît d'autant mieux la perfidie et la cupidité que Roux l'a hébergé quand il était persécuté par les mouchards de La Fayette. *Usurpateur, patriote de circonstance, mauvais sujet* : voilà Jacques Roux selon Marat.

7 juillet

Journées harassantes. Il y a longtemps que je n'ai pas connu une telle température. Paris s'écrase dans la chaleur. On disait ce matin que *l'air était en feu*.

Ce soir, l'orage a fait le tri.

10 juillet

Récemment remarié, l'Ogre des abîmes, qui a dominé jusqu'ici le Comité de salut public, se met en retrait. Déjà, le mois dernier, Vadier a mis en garde les Jacobins sur la présence au comité « des endormeurs, des gens qui soufflent le chaud et le froid, et qui viennent comme des porteurs d'eau ». Danton s'en retire aujourd'hui, au moment du renouvellement de ses membres.

12 juillet

À quatre heures du soir, les jurés ont rendu leur jugement dans le complot contre Bourdon.

Voici longtemps que les rapports de police m'ont signalé le personnage – habile, remuant, fort en gueule, violent de toutes les manières – dans des détournements d'argent qu'il a su étouffer.

Envoyé par la Convention dans le Jura pour lever de nouvelles troupes, Léonard Bourdon s'arrête à Orléans. Le lendemain de son arrivée, après un dîner patriote et une visite à l'Évêché, une mêlée confuse oppose des membres de son escorte avec des gardes de la maison commune. Un coup de baïonnette, une blessure au bras, Bourdon crie au complot, le missionnaire de la République est un nouveau Lepeletier, qu'une trentaine d'hommes ont cherché à anéantir.

– Voyez ma redingote teintée de sang ! Il est doux d'être le confesseur de la liberté. Je ne rendrai à personne les blessures que j'ai reçues.

Fouquier-Tinville a mis en cause une conjuration formée depuis longtemps. Après quatorze séances et l'audition de deux cents témoins, neuf des treize accusés, négociants et gardes nationaux, ont été condamnés à la peine de mort malgré leurs protestations d'innocence et leurs supplications.

On imaginait dans la foule le député couvert de sang et criblé de blessures.

– Serrons-nous auprès de la Montagne, et que nos corps lui servent de rempart.

C'est assez dire que le tribunal, qui a multiplié les acquittements ces derniers temps, s'est durci en l'affaire pour raison politique.

13 juillet

Les parents des citoyens d'Orléans condamnés se sont présentés à la Convention pour obtenir leur grâce. Robespierre a réclamé l'ordre du jour. Les neuf hommes ont été exécutés avec la chemise rouge.

D'après un espion de Chêneville, Bourdon aurait dit au chirurgien qui pansait sa blessure :

– Tu vois cette petite saignée, elle ne peut être guérie que par une grande ; je veux que vingt-cinq têtes orléanaises roulent sur l'échafaud ou je perds mon nom, foi de Léonard Bourdon !

Ce même jour, 13 juillet, une jeune femme venue de Caen a assassiné Marat, chez lui, au 30 de la rue des Cordeliers, tandis qu'il était dans sa baignoire.

14 juillet

Tout Paris pleure l'Ami du peuple, que grandissent les circonstances de sa mort, lui qui, nu, confiant, vulnérable, vêtu d'un simple peignoir, écrivant sur une planche, avait accepté de recevoir une citoyenne réclamant sa protection.

17 juillet

L'audience du tribunal a établi le déroulement de la journée au terme de laquelle Charlotte Corday a poignardé Marat.

Logée à Paris à l'hôtel de la Providence, rue des Vieux-Augustins, elle s'est rendue chez lui vers dix heures du matin. Éconduite par la cuisinière, elle a marché dans les rues, avant de remonter à l'appartement et de redescendre sans frapper à la porte. Rentrée à son hôtel, ce n'est que dans la soirée qu'elle est allée de nouveau chez Marat, après lui avoir fait parvenir une lettre.

Ensuite, le coup porté, l'appel au secours, l'irruption d'un commissionnaire, suivi de la sœur de Marat, les locataires de la maison qui se saisissent de la meurtrière et constatent le crime.

– Quelles étaient vos intentions en tuant Marat ?

– De faire cesser les troubles et de passer en Angleterre, si je n'avais point été arrêtée.

– Y avait-il longtemps que vous aviez formé ce projet ?

– Depuis le 30 juin, le jour de l'arrestation des députés du peuple.

– N'avez-vous pas assisté aux conciliabules des députés transfuges à Caen ?

– Non.

– C'est donc dans les journaux que vous lisiez que vous avez appris que Marat était un anarchiste ?

– Oui. Je savais qu'il pervertissait la France. J'ai tué un homme pour en sauver cent mille.

Ce sera martyre contre martyr.

On a remarqué à l'audience un peintre allemand, qui esquissait ses traits. Condamnée, Charlotte Corday l'a fait appeler et, n'ayant pas trouvé l'esquisse ressemblante, lui a proposé de refaire son portrait, dans sa cellule, pour en envoyer copie à sa famille.

Elle a été exécutée les cheveux coupés, portant la chemise rouge. Rue Saint-Honoré, sur le trajet de l'échafaud, Danton, Desmoulins, Robespierre l'ont regardée passer d'une fenêtre. La foule a vu dans le sang-froid qu'elle montrait la marque d'un monstre. Par dépit, un valet du bourreau nommé Legros a souffleté la tête tranchée.

En marchant dans les rues, après avoir quitté le tribunal, j'ai pensé aux pas de l'assassin. Je me suis demandé ce qu'avait représenté pour la jeune femme la montée de l'escalier, par trois fois, jusqu'à l'appartement de sa victime. S'était-elle tenue à la rampe ? Avait-elle fait une pause ou précipité ses pas ? Avait-elle compté les marches qui fixaient son destin...

18 juillet

On a appris qu'hier, jour de l'exécution de Charlotte Corday, Lyon en révolte a fait guillotiner Chalier sur la place des Terreaux, et si mal guillotiner que le bourreau a dû achever la décollation au couteau.

La Convention a décrété le siège de la ville. Chalier devient, après Lepeletier et Marat, martyr de la République.

Le tribunal a entendu Joseph Mazelier, âgé de trente et un ans, ci-devant capitaine dans le régiment Royal-Piémont, demeurant sous le nom de Linger rue de Vaugirard, chez François Baculard d'Arnaud, âgé de soixante-treize ans, prévenu lui aussi, ainsi que son épouse, Jeanne-Antoinette Daubrilly, pour n'avoir pas déclaré qu'ils logeaient un étranger ni inscrit son nom à la porte de la maison.

J'ai été fort étonné de voir Baculard d'Arnaud parmi les accusés. C'est bien là celui qui fut un temps l'ami de Voltaire, le créateur de ces drames sombres, romans frémissants et contes noirs, où l'héroïne tremble à la lueur d'une bougie, entre un crucifix et un cercueil.

Après ses *Amants malheureux*, l'auteur devait-il être « malheureux » à son tour ?

Chargé de le défendre, Tronçon-Ducoudrai a rappelé combien dans les *Épreuves du sentiment*, dans les *Délassements de l'homme sensible*, dans ses odes au roi de Prusse, Arnaud avait montré la fierté d'un homme libre, ami des lois et de sa patrie.

– Voilà l'homme qui a passé sa vie à éclairer ses concitoyens par des ouvrages qui respirent le plus grand amour pour l'humanité. Voilà l'homme qui n'a jamais reçu aucun argent des rois, n'ayant jamais flatté les despotes. Et cet homme qui, depuis plus de quarante ans, a donné des preuves d'amour de la liberté, qui, depuis plus de quarante ans, en a constamment professé les principes, comment croire un instant qu'il ait pu retirer chez lui un ennemi de la patrie, dans l'intention de le soustraire à la loi ? S'il n'a pas signalé le nom de celui qu'il logeait, c'est que passant sa vie dans les livres, ne sortant presque jamais, il ignorait qu'il en avait l'obligation.

Le jury a déclaré Mazelier coupable d'avoir émigré et l'a condamné à la peine de mort. Quant à Baculard d'Arnaud, pour n'avoir pas fait connaître qu'il logeait un étranger chez lui : deux mois de détention, qu'il a demandé à passer dans la prison de l'Abbaye. Accordé.

À l'égard de Jeanne-Antoinette Daubrilly, aucune charge n'a été retenue. Elle a été remise en liberté.

– Ô faiblesse humaine, voilà de tes coups !

Il se murmurait dans le public que l'homme de lettres avait perdu ses principes sous l'influence de sa femme. *Sa moralité avait échoué devant un sexe séduisant*.

19 juillet

Un déchargeur de bois, Jean-Pierre Pelletier, a été condamné à la guillotine comme distributeur de faux assignats.

J'ai obtenu de l'interroger avant l'audience, rapport à la bande que nous avons traquée jusqu'à Arras. Sans résultat.

20 juillet

Louis-Charles Malherbe, ci-devant noble, âgé de vingt ans, accusé d'émigration, a été jugé en même temps qu'Antoine-François Legros, peintre et officier dans la Garde nationale, demeurant rue de la Tisseranderie, âgé de trente et un ans.

Gaillard-Laferrière, qui défendait Malherbe, a signalé qu'il était l'arrière-petit-fils du célèbre poète, François de Malherbe, qui avait défendu la langue française jusqu'à signifier au roi Henri IV que, malgré tout son pouvoir, il ne pouvait *ni abolir ni établir un mot si l'usage ne l'autorise*. Le prévenu est l'unique héritier de son nom.

Condamné à la peine de mort, le descendant du poète a crié « Vive le roi Louis XVII ! ». Legros s'est vu condamné à huit ans de fers pour avoir établi pour Malherbe une fausse carte de citoyen et un faux certificat de résidence. Le tribunal a ordonné qu'il soit préalablement exposé aux regards du peuple, pendant six heures, place de la Révolution.

21 juillet

Marquis, un de mes espions les plus fins, est passé devant le tribunal de police correctionnelle pour avoir outragé la Garde nationale.

Cochers de fiacre, bons compères, Marquis et Boulard s'échauffent. Une misère, un mot les divise.

Ils se disputent. Ils en viennent à se battre. La Garde nationale survient. Marquis lui résiste. On le somme au nom de la loi de se rendre au poste. Il refuse, saisit la canne d'un particulier, la lève sur un garde. On s'empare de lui. Conduit devant l'officier de police, celui-ci le met en état d'arrestation.

Condamné à trois mois d'emprisonnement et à dix livres d'amende, Marquis a fait appel du jugement. J'en avais convenu avec lui. Prévenu trop tard de son arrestation, c'est en appel que je pourrai intervenir en sa faveur.

23 juillet

Les troupes assiégées dans Mayence ont capitulé. Elles ont été autorisées à regagner le territoire national à la condition de ne jamais participer à des campagnes extérieures.

Accusé d'avoir transmis des fonds à des émigrés et entretenu avec eux un commerce de lettres, Louis-François Le Boucher-Valfleurs, âgé de soixante ans, armateur à Granville, a été acquitté. Les perquisitions à son domicile n'ont rien donné. Le prévenu a représenté au tribunal qu'il ne s'était rien trouvé dans ses papiers qui autorisât la plus légère suspicion.

Sans preuve, sans indice du délit, le ministère a été réduit au silence.

24 juillet

Rossignol est nommé à la tête des armées républicaines de Vendée.

Devant le nombre croissant des affaires à traiter, la Convention nationale porte à sept (y compris le président) le nombre des juges au Tribunal criminel révolutionnaire.

Déjà, le nombre de jurés est passé à quinze.

25 juillet

Ces deux derniers jours, ont été condamnés à la peine de mort Joseph-François Coquart, convaincu de conspiration contre-révolutionnaire, et François-Charles Cocquereau-Boisbernier, condamné pour avoir arboré la cocarde blanche, obéi aux chefs de la Vendée, colporté et distribué des proclamations tendant au rétablissement de la royauté.

Ci-devant noble, ancien officier domicilié à Angers, Cocquereau-Boisbernier avait donné asile aux prêtres réfractaires et accueilli avec joie l'armée catholique lors de son entrée dans la ville, jusqu'à faire de sa maison un repaire de l'aristocratie.

Arrêté, il avait reconnu qu'il considérait les ordres des chefs de l'armée catholique comme des lois. Son portefeuille contenait un *Hymne en l'honneur des glorieux défenseurs de la Patrie*, *qualifiés de brigands par les oppresseurs de la France*, *chanté par un bon Français*, *prêtre persécuté pour sa foi et sa fidélité à son prince légitime.*

À l'audience, Cocquereau-Boisbernier déclare que cet imprimé se vend publiquement à Angers. Il proteste que ses principes ont toujours été purs ; qu'il est républicain ; qu'il n'a porté la cocarde blanche que parce que douze soldats, logés chez lui, l'y ont contraint ; qu'il n'a regardé les ordres des rebelles que comme la loi du plus fort ; qu'il ignore si des prêtres ont reçu l'hospitalité chez lui, étant à cette époque à sa campagne ; qu'il n'a jamais écrit à aucun émigré ; que s'il a adressé à quelqu'un la proclamation des rebelles, c'est sans intention criminelle ; qu'il n'existe entre lui et les chefs des rebelles aucune espèce de rapport, sinon qu'il les connaissait peut-être de vue ou de réputation.

Les jurés ont écarté les rapports personnels avec les chefs vendéens et confirmé les autres accusations.

Outre la condamnation à mort, le jugement porte que l'écrit intitulé *Hymne, etc.* sera lacéré et brûlé au pied de l'échafaud.

27 juillet

Robespierre remplace Gasparin au Comité de salut public. Spécialiste des questions militaires, Gasparin démissionne pour raison de santé.

Fabrication de faux assignats : Riche-Thomas Saint-Martin a été condamné à la peine de mort.

28 juillet

Nouvelle cérémonie aux mânes de Marat. Le club des Cordeliers a déposé son cœur en pompe solennelle sur une colonne, au milieu de l'allée du Luxembourg, où un autel avait été dressé. De nombreuses députations étaient présentes, de la Convention, de la Commune, des Jacobins, de tous les clubs de Paris. Discours et musiques se sont succédé, aux flambeaux, jusqu'à dix heures et demie du soir.

De là le cœur a été porté au club des Cordeliers, rue Dauphine.

30 juillet

Le président emprisonné ! Voilà un coup de théâtre dans les règles.

Est-ce un renversement tragique ? Un gage de justice ? La chute d'un vaudeville sur l'air de *Tel est pris qui croyait prendre* ? Montané a été décrété d'arrestation à la suite d'accusations de ratures et d'interpolations dans la minute des jugements, portées contre lui par Fouquier-Tinville.

La Convention a également décidé la création d'une seconde section au tribunal.

31 juillet

Un nouveau décret fixe l'organisation du Tribunal révolutionnaire : dix juges, deux sections, trois substituts de l'accusateur public, trente jurés, quatre commis greffiers, quatre commis expéditionnaires.

Je regrette de n'avoir pas noté plus souvent le nombre d'acquittements prononcés. Chêneville m'a communiqué les chiffres pour le mois de juillet : quatorze prévenus ont été condamnés à la peine de mort, quarante-sept ont été acquittés.

1er août

Après l'intervention de Barère réclamant l'anéantissement de la Vendée, il y a quelques jours, la Convention vient de décréter qu'on y enverra des matières combustibles de toutes sortes pour incendier les bois, les taillis et les genêts ; que les forêts seront abattues, les repaires des rebelles seront détruits, les récoltes seront coupées par les compagnies d'ouvriers, pour être portées sur les derrières de l'armée, et les bestiaux seront saisis ; que les femmes, les enfants et les vieillards seront conduits dans l'intérieur où il sera pourvu à leur subsistance et à leur sécurité avec tous les égards dus à leur humanité. C'est ruiner le pays et déporter sa population.

Au tribunal, Pierre-Maurice Collinet la Salle Chauville, âgé de trente-neuf ans, homme de loi, ci-devant lieutenant général du bailliage d'Épinal, commissaire près du tribunal de la ville, coupable d'avoir fait passer des fonds aux ennemis de la République par l'intermédiaire de Graszely, banquier à Strasbourg, a été condamné à mort.

Convaincu d'avoir accepté l'ordre de Dumouriez d'arrêter le citoyen Bellegarde, à Valenciennes, Charles-Joseph Lescuyer, major général de la cavalerie, âgé de quarante-neuf ans, a été lui aussi condamné à la peine de mort.

Au prononcé du jugement, un particulier s'est écrié :

– Trahi en Vendée, trahi sur terre, trahi sur mer, trahi de toutes parts, l'amour des Français pour la liberté se vengera. Périssent les monstres ! Leurs têtes seront garantes de leur scélératesse !

2 août

Jean-Baptiste-Claude Tourtier, âgé de soixante-six ans, ci-devant noble, ancien militaire dans le régiment de Lowendal, a été condamné à mort pour avoir tenu des propos contre-révolutionnaires à Saint-Ay, dans le Loiret, où il réside.

– L'Assemblée nationale est une saloperie, une guenillerie. Les députés sont des coquins. Les émigrés reviendront et, de concert avec les mahométans et les protestants, ils les écraseront... Les assignats sont hypothéqués sur les brouillards de la Loire. Ce ne sont que des chiffons bons à se torcher le cul et, dans un mois ou six semaines, ils ne vaudront plus rien... Les ennemis vont entrer en grand nombre par Dunkerque... Une boutique gouvernée par plusieurs ouvriers ne va pas aussi bien qu'une autre où il n'y a qu'un maître.

Les dépositions en sa faveur selon lesquelles il offrait cent livres à tout volontaire aux armées, les témoignages de civisme recueillis par son fils, la lettre du commissaire qui l'avait arrêté réduisant l'accusation à « quelques propos hasardés », rien n'a pu compenser ces paroles outrageantes.

4 août

Les rêves sont des effets de présence.

Je me souviens qu'enfant, ni ogre, ni démon, ni bête du Gévaudan n'ont jamais gâché mes nuits. Le cauchemar naissait de me retrouver minuscule à côté d'une masse énorme, pesante, noire, sans consistance, sans relief, dont sentir la présence suffisait à me terrifier.

D'une tout autre manière, il arrive que ma mère revienne dans la nuit, souriante, toujours belle et me parlant gaiement, mais si présente alors, si proche de moi, si *vivante* que je me réveille dans un sursaut.

Quant à mes brumes, mes fumées, je m'embarque sur des épaules, des seins, des cuisses, des croupes si savoureuses à la langue et aux mains que je ne me lasse pas jusqu'au matin.

5 août

Trois nouveaux juges ont été nommés au tribunal : Pierre-André Coffinhal, dit Jean-Baptiste Coffinhal, membre du club des Jacobins, proche de Robespierre, ami de Fouquier-Tinville ; Nicolas Grébeauval, lui aussi intime de l'accusateur public ; Gabriel Toussaint Scellier, que je connais de Compiègne, dont il est natif, dont son frère est le maire actuellement.

6 août

– Eh bien, Jean-Baptiste, tu n'es pas fatigué de tenir la chronique des noirceurs de ce monde ? Tu n'en as pas assez de recueillir le sang versé dans tes urnes de papier ?

– Tu as eu tes manuscrits, Bruiant, laisse-moi mes carnets...

– Le Tribunal révolutionnaire t'aspire comme un gouffre, comme si l'avenir de la Révolution en dépendait !

– Je le crois, Bruiant, je le crois...

Avant d'ajouter :

– C'est aussi qu'écrire quelques lignes, chaque jour, repousse la maladie, l'ombre noire aux aguets, la bête noire et puante qui finira par sortir du bois.

7 août

Dénoncé par le citoyen Fillion pour avoir tenu dans la rue et dans son café, boulevard du Temple, des propos attentatoires à la souveraineté du peuple, et de les avoir tenus méchamment, dans des intentions criminelles, en disant, par exemple, qu'à la mort du ci-devant roi il avait voulu quitter son régiment pour ne pas servir la République, le gendarme à cheval André Jonas a été condamné à la peine de mort.

9 août

Brumes de délices. La métisse au fouet s'est installée dans mes nuits comme chez elle.

C'était la nuit de Noël. La lune scintillait sur le sol gelé. Je marchais vivement vers une petite maison, que je reconnus pour être celle du maréchal de Richelieu, rue de Clichy. La porte s'ouvrit sur la métisse aux yeux noirs, et j'entrai dans mon rêve comme en paradis.

Toute nue (à l'exception de mules rouges aux pieds), elle avait dénoué ses cheveux ondoyants, la gorge en embonpoint, la peau unie, la toison peignée, parfumée à mourir. Nous avons quitté le vestibule éclairé par de grandes torchères pour un boudoir couleur de feu où se devinaient les apprêts d'un repas, à côté du feu ronflant d'une large cheminée. C'est alors que claquant sa main sur mes fesses, j'entendis sa voix pour la première fois :

– Ce cul a-t-il déjà reçu le fouet ?

Le démon du bizarre était de la partie.

Était-ce mon caprice ou le sien ? La voici qui tire d'une armoire un faisceau de verges, m'habille d'une cuirasse de cuir, à mi-cuisses, qui laisse les fesses à nu, et referme sur mes poignets des bracelets de fer. Après avoir passé sa langue sur mes tétons, à travers deux trous pratiqués sur le devant, elle me retourne, me pousse sur un sofa, la cérémonie commence. Le fouet claque. J'éprouve une étonnante mêlée de souffrance et de plaisir. La sensation est si puissante, les coups si violents que les larmes me viennent aux yeux. Et le bruit du fouet s'amplifie, emplit toute la pièce, de plus en plus assourdissant, jusqu'au moment où j'essuie mes larmes, j'essuie mon rêve, j'entends les coups de canon qu'on tire dans Paris pour annoncer la fête de la Fédération.

10 août

La fête de la Fédération nationale, qui se tenait jusque-là le 14 juillet, s'est déroulée aujourd'hui, rappelant la prise de la Bastille et la journée victorieuse du 10 août, lorsqu'après l'invasion des Tuileries, le ci-devant roi a dû chercher refuge auprès de l'Assemblée.

Menée par Kellerman, l'armée de la Convention a commencé il y a deux jours le siège de Lyon.

12 août

Robespierre a réclamé devant la Convention que la France soit purgée de tous les traîtres, que Custine soit exécuté rapidement.

– Que le glaive de la loi, planant avec une rapidité terrible sur la tête des conspirateurs, frappe de terreur leurs complices ! Que le peuple lève enfin sa tête triomphante et les tyrans ne sont plus ! Il faut donc stimuler le zèle du Tribunal révolutionnaire ; il faut lui ordonner de juger les coupables qui lui sont dénoncés vingt-quatre heures après la remise des preuves ; il faut plus, c'est de multiplier son action ; car nous sommes infestés des agents de l'Angleterre ; il faut que nous soyons contre eux aussi terribles qu'ils sont perfides et barbares.

13 août

Ce matin, Chêneville m'a fait lire l'ode du poète Chénier à Charlotte Corday, qui circule clandestinement :

Un scélérat de moins rampe dans cette fange.
La vertu t'applaudit. De sa mâle louange
Entends, belle héroïne, entends l'auguste voix.

Et cet après-midi, Cloüet m'a rapporté la *Complainte du peuple parlant à la scélérate Corday sur l'assassinat de Marat* composée par Ladré :

Tu n'eus d'autre dieu que le crime,
Monstre altéré de sang humain !
L'ami du peuple, notre intime,
Est mort de ta sanglante main.
De ton exécrable dessein
Il fut victime.
Scélérate ! Pour te punir,
Il faut périr.

15 août

Nous sommes allés tous les trois, Bruiant, mademoiselle Adeline et moi, assister au spectacle donné pour l'ouverture du Théâtre national de la Montansier, rue de Richelieu.

Partout, dans le vestibule, dans la salle, au foyer, des colonnes à l'antique, des sculptures, des arabesques, des ornements, des niches, des lunettes, des bas-reliefs, des panneaux richement décorés. Le devant des loges est orné de draperies rouges à crépines d'or. La peinture du plafond de la coupole montre *les beaux-arts employés aux représentations théâtrales et découverts aux spectateurs par quelques génies dissipant les nuages*. Pour séparer nettement la scène et la salle (et augmenter l'illusion théâtrale), il n'y a aucune loge d'avant-scène.

Après le prologue ridicule de *La Baguette magique*, le premier acte de la première comédie, *Adèle et Paulin*, a été couvert par les huées. Au second acte, nous avons joint nos voix à celles du parterre en chantant « Allons enfants de la patrie ». Au milieu de la confusion, le régisseur s'est avancé pour demander si les acteurs devaient continuer *Adèle et Paulin* ou jouer immédiatement *La Constitution à Constantinople*. La réponse a fusé.

Tout commence avec le bruit du canon et les « Ça ira » que chantent les Français de Constantinople qui célèbrent la Constitution. L'histoire d'amour est absurde. Le divertissement final a suscité l'enthousiasme, quand des citoyens de tout âge, des gardes nationaux, des canonniers, des soldats de ligne, des escadrons de cavalerie suivis de l'arche de la Liberté tirée par quatre chevaux ont défilé sur la scène dans un flamboiement d'enseignes et de drapeaux.

La Montansier fêtait dans son salon l'ouverture de son nouveau théâtre. J'étais curieux de la voir, l'ayant connue glorieuse à Versailles, bien avant son installation au Palais-Égalité. Mademoiselle Adeline était heureuse de se montrer bras dessus bras dessous entre Bruiant et moi.

Quel étrange milieu, quelle étonnante bigarrure ! À la volée des comédiens, joueurs, auteurs, financiers, aventuriers allumés par le punch au milieu des filles, se mêlent les puissants du jour. Les représentants du peuple coiffent la sarabande d'un bonnet rouge. Barras, Danton, Desmoulins, Saint-Just, Robespierre échangent les nouvelles et puisent dans la circulation du plaisir un délassement à leurs travaux.

La Croupière des vices siège sur un canapé bleu.

Entreprenante, infatigable, celle qui a commencé par tenir un salon de jeu avant de se faufiler auprès de Marie-Antoinette et d'obtenir de Capet la régie des théâtres, la Montansier continue de diriger son monde comme elle dirige sa troupe. Seize ans après l'inauguration de son théâtre de Versailles en présence des ci-devant roi et reine, voici qu'elle fête l'ouverture de son second théâtre parisien, toujours alerte (autant que le permettent ses soixante ans passés), connaissant les hommes (et ce que peuvent sur eux les jupons des coulisses), âpre au gain (traquant l'or par-delà l'assignat).

– Commissaire Grand-Jacques, il y a si longtemps...

– Citoyenne, vous rayonnez.

– Le Palais-Égalité porte chance.

– C'est prospérer sur le volcan.

– Ne vous inquiétez pas, j'ai mes appuis. Pour autant qu'on puisse savoir sur qui ou quoi s'appuyer aujourd'hui...

« À ce propos, je vous ai vu au bras de la belle Adeline. Son dernier entreteneur a pris le chemin de l'émigration, avec la politesse d'une pension qui lui permet de vivre. Prétendriez-vous à la succession ?

– Pas un instant, citoyenne. Nos liens sont d'amitié. Si, pourtant, elle se trouvait menacée...

– Je vous entends, commissaire, je vous entends. On fera passer le message.

16 août

Hier soir, en quittant la Montansier, je me suis arrêté devant les fenêtres du salon que tiennent, au numéro 50 du Palais-Égalité, madame Saint-Amaranthe et sa fille, *la céleste Émilie*, la plus éblouissante de nos Parisiennes, mariée au fils Sartine (le fils de l'ancien lieutenant de police), toujours amoureuse d'Elleviou, le chanteur de l'Opéra-Comique *dont la voix électrise les plus indifférents*.

Ancienne maîtresse du prince de Conti, accueillante aux Vaudreuil, Tilly, Narbonne, Champcenetz, qui soupaient *royalement* chez elle aux premiers jours de son salon, je me demande si, malgré les visites de Danton, David et Saint-Just, la Saint-Amaranthe est consciente des menaces qui pèsent sur elle.

Il est temps qu'elle ferme sa porte aux aristocrates tombés dans le miel du Palais-Royal et incapables de s'en arracher...

17 août

Chêneville m'a rapporté que le particulier, époux et père de famille, qu'il avait arrêté pour s'être exhibé nu en se livrant à des gestes obscènes, a été traduit devant le tribunal de la police correctionnelle. Une foule de témoins oculaires a confirmé les faits. Il a été condamné à six mois d'emprisonnement et à cinquante livres d'amende pour attentat public aux bonnes mœurs et outrage à la pudeur des femmes.

20 août

Le Tribunal rend acquittements et non-lieux.

La première section poursuit le procès du général Custine. L'audition des membres d'une conspiration rouennaise occupe l'autre section.

Anéanti de fatigue, sous le coup de l'opium, je me suis endormi sur la table, le sommeil agité de bribes sonores remontées du passé. C'étaient les rires et les cris de l'enfance à Compiègne, c'étaient des appels au secours, des jurons et des gueulées liés au métier. Il y avait aussi, derrière ce théâtre bruyant, une petite voix, une voix gémissante, plaintive, antérieure à l'enfance, murmurant dans la nuit. « Cherche-moi, je suis le temps qui passe. Cherche en toi le séjour des âmes disparues. Laisse la mort lointaine. Il faut aimer le jour tant qu'il est dans la vie. »

22 août

Robespierre a été élu à la présidence de la Convention.

Maître du Comité de salut public, maître de l'Assemblée, le voilà doté des pleins pouvoirs.

23 août

La Convention a décrété la réquisition aux armées de tous les hommes entre dix-huit et vingt-cinq ans.

25 août

Marie-Louise Sevaux tient, rue Saint-Honoré, au coin de la rue de Grenelle, un pensionnat de filles de joie. Elle les loge, les habille et perçoit chaque jour un droit sur le prix de leur prostitution. Le bruit et le désordre de ce repaire troublent la tranquillité publique. Les voisins se plaignent. Elle est poursuivie devant le tribunal de police correctionnelle. Les dépositions confirment le trafic de l'accusée et le tapage des orgies.

La femme Sevaux a été condamnée à un an d'emprisonnement et une amende de cinq cents livres conformément à la loi de juillet 1791.

27 août

Après des journées de débat et tant de témoins entendus, après sa propre défense et la plaidoirie de Tronçon-Ducoudrai, Custine, le général des armées du Nord et des Ardennes, a été condamné à la peine de mort. Il n'a pu se justifier d'erreurs stratégiques à Francfort, Mannheim, Landau, Mayence, Condé, Lille, Valenciennes. Le jury l'a reconnu coupable d'intelligence criminelle avec l'ennemi ayant entraîné la chute de ces villes ou des forteresses et magasins en dépendant.

Ramené devant le tribunal à neuf heures du soir pour entendre le jugement, l'accusé a paru frappé par la lueur des bougies et l'impassibilité de la foule, réclamée par Coffinhal. L'aile de la mort avait couvert la salle. Entré dans le monde de la nuit, au milieu des visages tremblant à la lueur des flammes, Custine assistait à sa propre veillée funèbre.

Une fois encore, les premières trahisons ont pesé sur le procès.

– Faux comme un jeton, rusé comme un renard, hypocrite comme un pape, scélérat comme un Lafayette, traître comme un Dumouriez, Custine mérite le couperet.

28 août

Un décret de la Convention vient de nommer Herman président du tribunal et Dumas vice-président. Ce sont alternativement Roussillon, Coffinhal ou Dobsen (l'homme du 2 juin, nommé juge en récompense) qui présidaient les débats depuis l'arrestation de Montané.

Le groupe arrageois se renforce au sein de la Montagne.

Affilié au club des Jacobins, Herman vient d'Arras où il a présidé le tribunal criminel du département, où il est membre du conseil de la commune. Sa famille est de vieille robe. Le Bon a célébré son mariage quand il était maire de la ville. Grand lecteur de nos philosophes, entre *L'Esprit des lois* et *Le Contrat social*, on le dit proche de Robespierre, originaire d'Arras lui aussi. Il faudra au nouveau président montrer de la rigueur s'il ne veut pas subir le sort de Montané.

30 août

Au club des Jacobins, Royer a invoqué le souvenir de Marat et sa fièvre révolutionnaire pour réclamer de nouvelles mesures de salut public :

– Qu'on place la terreur à l'ordre du jour. C'est le seul moyen de donner l'éveil au peuple et de le forcer à se sauver lui-même !

Voilà un grand mot qui dépasse celui qui l'a lancé.

31 août

Royer, de la Société des amis de la liberté et de l'égalité, l'ancien curé constitutionnel, continue de réclamer des mesures extrêmes. Que la puissance militaire et la guillotine marchent de concert !

– Vous avez placé la terreur à l'ordre du jour. Qui pourrait imprimer la terreur avec plus de succès qu'une armée révolutionnaire de trente mille hommes, divisée en plusieurs corps volants, accompagnée d'un tribunal révolutionnaire et d'une guillotine, faisant justice sur tout le territoire français des nobles, des traîtres, des modérés et des conspirateurs ?

Au long du mois d'août, le tribunal a prononcé cinq condamnations à mort et trente-six acquittements.

1er septembre

Paris manque de pain. On s'écrase aux queues des boulangeries. La souffrance marque les visages. Quelques jours encore et les émeutes de la faim recommenceront.

L'appel à la terreur s'amplifie. Une députation de Jacobins en a développé le principe devant la Convention.

– Il est temps que l'égalité promène la faux sur toutes les têtes. Il est temps d'épouvanter tous les conspirateurs. Eh bien ! Législateurs, placez la terreur à l'ordre du jour. Soyons en révolution, puisque la contre-révolution est partout tramée par nos ennemis. Que le glaive de la loi plane sur tous les coupables.

Applaudissements unanimes.

2 septembre

Ordre est donné à toutes les municipalités de lacérer et de livrer aux flammes les tableaux représentant les rois, de faire fondre leurs effigies en métal, de briser leurs bustes en pierre ou en plâtre.

3 septembre

Opium et délices. Je retourne à mes rêves comme un enfant à ses jouets.

5 septembre

Les sans-culottes ont envahi la Convention. Barère a dénoncé les conspirations des ennemis de l'étranger et de l'intérieur.

– Que la terreur, oui, pour reprendre ce grand mot qu'on doit à la Commune de Paris, que la terreur soit décrétée à l'ordre du jour ! Les royalistes veulent du sang, eh bien ! Ils auront celui des conspirateurs, des Brissot, des Marie-Antoinette !

La Convention a décrété la levée d'une armée qui, comme la Garde nationale, exécutera les mesures de salut public qu'elle aura décidées. L'initiative d'arrêter les suspects a été confirmée. Le Tribunal révolutionnaire ne sera plus divisé en deux, mais en quatre sections.

Jacques Roux, qui avait déjà été emprisonné une première fois puis relâché, a été arrêté de nouveau.

6 septembre

Hier soir, tard dans la soirée, le tribunal a condamné à mort neuf accusés parmi les vingt-sept habitants de Rouen prévenus d'être les instigateurs d'un attroupement séditieux, les 11 et 12 janvier.

En apprenant le procès de Louis XVI, un nommé Aumont avait non seulement rédigé une adresse à l'Assemblée qui lui contestait le droit de juger le ci-devant roi, mais il avait invité les citoyens à venir la signer chez lui, au 7 de la place de la Rougemare, après l'avoir publiée dans *La Chronique nationale et étrangère* et placardée dans les rues. De là, devant son domicile, une sorte d'émeute, un affrontement avec les officiers municipaux, la cocarde nationale piétinée, la cocarde blanche exhibée, l'arbre de la liberté scié et brûlé.

La foule a été frappée par le très jeune âge de la plupart des accusés (dont quelques-uns étaient en fuite).

7 septembre

Condamné hier à la peine de mort pour émigration et correspondance avec l'ennemi, Jacques-Constant Tonduti La Balmondière, ancien lieutenant dans le ci-devant régiment de Monsieur, a été exécuté. Ayant demandé la parole après l'énoncé du jugement :

– Je mourrai, dit-il, comme j'ai vécu. Le tribunal se repentira de m'avoir jugé ; ma prophétie sera certaine. Je meurs content, puisque Louis XVII va bientôt régner sur les Français.

– Non, non, foutre ! il ne régnera pas. Vive la République !

Chêneville m'a rapporté ses derniers mots devant la guillotine :

– Voilà donc cet instrument qui fait tant de bruit ! Je n'en crains pas le mal.

On a saisi à Châtellerault, chez la citoyenne Jude, des écrits contre-révolutionnaires copiés de sa main, comme *Le Jugement de Louis XVI* ou *Le Dîner du grenadier à Brest*, qui fait parler Cœur-de-Roi, La Franchise et Gaudichon, et tourne en ridicule les bouleversements de la Révolution.

Cœur-de-Roi : Comment ! Sacrédié ! Tu es juge ? Mais quels sont les Jean-Foutre qui se font juger par toi ? Est-ce que tu n'es plus serrurier ?

Gaudichon : Oh ! Que si, monsieur Cœur-de-Roi ! Mais ils ont dit comme ça que, puisque je limais bien le fer, je dérouillerais bien leurs affaires ; qu'elles étaient moins dures ; et comme ils me donnent six cents livres, je leur dis au plus droit ce qui est de convenance.

J'ignore comment la femme Jude a charmé Coffinhal. Il a signé l'abandon des poursuites.

8 septembre

Chêneville, qui a assisté vendredi à l'exécution des neuf condamnés de Rouen (comme il avait assisté à celle des neuf Orléanais), s'est dit bouleversé à la vue de ces têtes tombant l'une après l'autre, roulant sur le billard funeste, sur lequel sont montées les tricoteuses pour tremper leur mouchoir dans le sang.

– C'est au point que j'ai passé la nuit dans le vin et dans le cul des filles par crainte que des ombres sans tête ne viennent me hanter.

– Mais l'ancienne justice, Chêneville, l'ancienne justice ! J'étais présent à l'exécution du chevalier de La Barre, j'étais présent à celle de Damiens, tenaillé à la poitrine, aux bras et aux cuisses, pour que dans ses blessures on jette du plomb fondu et de l'huile bouillante, sa main droite brûlée – la main du régicide –, son corps écartelé par quatre chevaux, les juges refusant qu'on en ajoute deux autres et retardant le moment de taillader ses membres pour que le supplice dure plus longtemps...

Il me reste à me demander, mais je n'en ai rien dit à Chêneville, pourquoi, après avoir vu fonctionner la guillotine, je n'y suis plus retourné.

9 septembre

La Convention a confié le commandement de l'armée révolutionnaire à Ronsin, auteur dramatique et général, vainqueur de La Rochejaquelein à Doué.

– Comme général, je ne sais ce qu'il vaut, me dit Bruiant. Comme auteur, c'est entre l'emphase à l'antique et la gaîté vaudeville. À la manière du temps. D'un côté, *Le Dîner des patriotes* avec ses petits airs, de l'autre *La Ligue des fanatiques et des tyrans*, une de nos « tragédies nationales » en trois actes et en vers.

Je connais Ronsin comme l'homme fort des Cordeliers, proche de Hébert, tête puissante et avisée.

11 septembre

Hier, Jean-Baptiste Goubet, commis marchand à Cambrai, a été condamné pour avoir détourné des recrues destinées aux armées de la République. C'était aujourd'hui le tour d'un huissier d'Angers nommé Bain. Accusé d'avoir arboré la cocarde blanche et fraternisé avec les Vendéens lors de leur entrée dans la ville, il a été condamné à la peine de mort.

La foule a marqué sa satisfaction :

– Il a donné le baiser fraternel aux contre-révolutionnaires, il ira embrasser la Veuve.

13 septembre

– Cet homme n'est pas né pour être libre, grondait mon voisin.

On a saisi dans les papiers de Claude-François Berger, de la Nièvre, une foule de brouillons, écrits, adresses, inspirés par des sentiments antipatriotiques. « Les maux sont déjà à un tel période qu'il faut nécessairement une contre-révolution, tous les bons Français la désirent... » Une lettre se déchaîne contre les prêtres constitutionnels qui bénissent en chaire les engagés volontaires... Une autre s'en prend à ceux qui ont voté la mort de Capet. « Mais y a-t-il des supplices assez dignes pour ces abominables députés, pour ces tigres féroces qui ont voté, pressé, exécuté la mort de leur roi ? »

Du reste, Berger était abonné à *L'Ami du roi*, la feuille interdite l'année dernière.

Comme tel, « ami du roi », il a été guillotiné aujourd'hui.

14 septembre

Le tribunal est divisé en quatre sections qui fonctionneront alternativement, deux qui instruisent pendant que deux autres auditionnent. Le nombre des juges est porté à seize, y compris trois vice-présidents dont le panache de plumes s'orne d'un signe distinctif. Il y a désormais soixante jurés, cinq substituts de l'accusateur public, huit commis greffiers et commis expéditionnaires, huit huissiers, six garçons de bureau.

Chaque soir, quand je l'appelle dans l'escalier, Éfi me fait une petite danse. Mais toujours à distance. Refusant de se laisser caresser, elle se frotte aux marches et tourne sur elle-même tandis que je la regarde, acceptant, souveraine, d'être regardée.

15 septembre

Substitut du procureur, Hébert a relancé la terreur devant le conseil de la Commune de Paris :

– L'heure de la vengeance est arrivée, point de quartier ! La Convention vous a donné la plus grande latitude de pouvoir : elle a ordonné que tous les gens suspects soient arrêtés. Eh bien ! il faut mettre en état d'arrestation non seulement les aristocrates décidés, mais aussi ceux qui n'ont rien fait pour la liberté. Il faut que la terreur soit à l'ordre du jour.

16 septembre

Je me le suis souvent reproché. Je ne relève pas assez les acquittements prononcés par le tribunal.

Gendarme à Angers, Roblastre est chargé de livrer Pavie au Tribunal révolutionnaire. Ils s'y rendent à pied tous les deux. Arrivés à Paris, le prévenu, malade, exténué, supplie Roblastre de le conduire chez son beau-frère, concierge du Casernement général. Compatissant, le gendarme accepte, sans prévenir le greffe.

Après quelques jours, Roblastre déclare qu'il est temps de se rendre à la prison. Le prévenu lui offre à dîner dans le voisinage du Palais-Égalité. Après le repas, ils prennent le chemin de la Conciergerie. Rue des Prêtres-Saint-Germain-l'Auxerrois, Pavie feint un besoin naturel et entre dans une allée, qui est en réalité un passage par lequel il s'enfuit. Surpris de ne pas le revoir, le gendarme reconnaît le subterfuge et se perd en vaines recherches jusqu'à la nuit.

Pénétré de douleur, il rend compte de sa mésaventure devant le Comité de sûreté générale, qui le traduit au Tribunal révolutionnaire.

Après que deux témoins ont chaleureusement déposé en sa faveur, Roblastre, la douleur peinte sur le visage, reconnaît ses torts, en faisant observer que Pavie est le premier prisonnier dont on lui a confié la conduite.

Les jurés constatent la réalité du délit, sans intention criminelle. L'accusé est acquitté.

17 septembre

Au tribunal criminel, quatre prévenus, accusés d'avoir fabriqué de faux assignats, ont été condamnés à la peine de mort. Je connaissais deux d'entre eux, appartenant à une bande rivale de celle que nous traquons, Jean Lucien, tabletier, et Marie-François Barat, courtier de change, tous deux résidant à Paris.

La Convention a répondu au vœu de la Commune. Présentée par Merlin de Douai, la loi des suspects a été votée.

Seront considérés comme suspects, et aussitôt arrêtés, les partisans de la tyrannie et du fédéralisme ; ceux qui ne peuvent pas justifier de leurs moyens d'existence ; ceux à qui on a refusé les certificats de civisme ; les fonctionnaires suspendus ou destitués ; les ci-devant nobles qui n'ont pas manifesté leur attachement à la Révolution et tous ceux qui ont émigré.

18 septembre

Fumées. Il y a dans les baisers nocturnes une douceur merveilleuse, une extase de la lèvre à la lèvre, comme une tendresse sur les rives du sommeil, l'adieu au rêve, le dernier baiser du rêveur à la pointe de la nuit.

19 septembre

Hier, après les fabricants, le tribunal criminel jugeait les distributeurs de faux assignats. François Mottiet, marchand forain, et François Binet, serrurier, ont été condamnés à mort.

Louis Lévêque et Antoine Soyer, quant à eux, l'ont été par le Tribunal révolutionnaire, comme complices de la sédition royaliste de Rouen, jugée au début du mois.

21 septembre

La Convention décrète que les femmes qui ne porteront pas la cocarde tricolore seront punies la première fois de huit jours de prison. En cas de récidive, elles seront réputées suspectes. Celles qui arracheront la cocarde nationale à une autre ou qui la profaneront seront punies de six années de réclusion.

23 septembre

Dufourny a proposé au club des Jacobins que la Convention affiche les noms des suspects arrêtés.

– Ceux contre lesquels rien n'aura été établi positivement dans les premiers huit jours de détention seront remis en pleine liberté, et leur élargissement sera pour eux un certificat de civisme.

24 septembre

On a condamné hier Antoine Masson, prêtre constitutionnel, curé de Saint-Sernain, dans le district d'Autun, pour avoir tenu en chaire des propos incitant à la désobéissance, allant jusqu'à faire sonner les cloches en pleine nuit pour effrayer ses paroissiens.

On jugeait tout à l'heure Louise Catherine Angélique Ricard, veuve Lefèvre, la belle-mère de

Pétion, l'ancien maire de Paris, l'ancien président du club des Jacobins passé de l'amitié de Robespierre à celle des Girondins, proscrit depuis le 2 juin, caché on ne sait où.

En apprenant l'arrestation de sa fille, la veuve Lefèvre vient à Paris solliciter son élargissement. Elle loge à l'hôtel de la Paix, rue de Grenelle-Saint-Honoré, où elle tient des propos contre-révolutionnaires. Apprend-on que l'ex-ministre Lebrun a pris la fuite, elle en témoigne sa joie. Évoque-t-on Brissot ou Vergniaud, elle les dit excellents républicains. La Balmondière a crié « Vive le roi ! » sur l'échafaud :

– Le pauvre malheureux, il a bien fait. Le bien du peuple exige que la France ait un roi. La Convention et tout son attirail mangent plus que ne faisait l'ancien régime.

Convaincue d'avoir appelé à la royauté après l'audition de trois témoins, elle a été condamnée à la peine de mort malgré l'intervention favorable de la maîtresse de l'hôtel de la Paix. L'exécution a eu lieu aujourd'hui.

25 septembre

Louis-François-César Le Carbonnier, ci-devant noble, domicilié à Pont-Châlier dans le Calvados, a été condamné autant pour avoir émigré et porté les armes contre sa patrie que pour avoir établi de faux certificats.

De Coblentz où il avait émigré, Le Carbonnier envoyait des lettres contre-révolutionnaires à ses amis. « Ne vous mettez point en prise avec de pareils chiens enragés, écrivait-il à propos des patriotes. Les remèdes se préparent vivement, et je crois qu'ils auront une prompte guérison. » Rentré en France, il avait falsifié des certificats de résidence de la municipalité de Rouen.

Ses dénégations n'ont pu effacer sa correspondance. Après avoir comparé son écriture à celle des lettres, des experts ont confirmé que l'ensemble était de la même main.

On a également condamné Pierre Leforestier, ex-chapelain de l'Hôtel-Dieu de Paris, arrêté à la frontière suisse qu'il cherchait à franchir pour rejoindre les ennemis de la République.

26 septembre

Notre concierge de la rue Vieille-du-Temple n'en rate pas une.

Pas une seule tête engagée, tranchée, tombée dans le panier, qui lui échappe. C'est son plaisir, sa gourmandise depuis le premier jour. Il n'y manquerait pour rien au monde.

Après quoi il s'en retourne satisfait, comme un berger qui a compté ses bêtes, comme on regarde aux fêtes les fusées d'artifice. Oh, la belle bleue, la belle jaune, la belle rouge !

27 septembre

La mère de Melchior Hardi m'a demandé d'intervenir en faveur de son fils, condamné il y a deux mois par le tribunal criminel.

Fabricant de portefeuilles, âgé de dix-neuf ans, Hardi entre avec un ami dans la boutique d'une fruitière, rue de l'Arbre-Sec. Ils demandent des œufs, la fruitière se retourne, ils enlèvent une motte de beurre et s'élancent au-dehors. La fruitière crie au voleur. On accourt. On poursuit les coupables. Hardi est arrêté rue des Fossés-Saint-Germain-l'Auxerrois. Il tient sous son bras la motte de beurre, couverte d'un linge. Son complice s'est enfui.

Devant le commissaire de police de la section du Louvre, Hardi soutient qu'il n'a jamais demandé d'œufs, qu'il n'est jamais entré dans la boutique. Il affirme qu'un particulier, dont il ignore le nom et le domicile, lui a remis la motte de beurre pour la porter, particulier qu'il a perdu de vue tant sa marche était rapide. Vivement interrogé, il avoue avoir été déjà condamné pour distribution de faux billets de la Caisse de secours.

Récit absurde. Témoignages accablants. Les jurés ont condamné Hardi à quatre années de fer, précédées de l'exposition pendant six heures.

28 septembre

Accusé d'avoir dit au café Mirabeau, rue Montblanc, qu'il ne s'enrôlerait pas, qu'il se foutait de la Révolution, Jacques Bruno Prélat, ci-devant domestique d'un émigré, a nié le fait. Point de témoins. Déclaration négative des jurés. Il a été acquitté.

De même a été acquitté, il y a quelques jours, l'imprimeur Degouy, de Saumur. On lui reprochait d'avoir pris le titre d'*imprimeur royal* après avoir diffusé des affiches liberticides. Il a convaincu le tribunal d'avoir agi sous la contrainte des rebelles qui lui avaient mis le pistolet sur la gorge.

29 septembre

La Convention a fixé le maximum du prix des denrées et marchandises de première nécessité. Tels sont la viande fraîche, la viande salée et le lard, le beurre, l'huile douce, le bétail, le poisson salé, le vin, l'eau-de-vie, le vinaigre, le cidre, la bière, le bois à brûler, le charbon de bois, le charbon de terre, la chandelle, l'huile à brûler, le sel, la soude, le sucre, le miel, le papier blanc, les cuirs, le fer, la fonte, le plomb, l'acier, le cuivre, le chanvre, le lin, les laines, les étoffes, les toiles, le colza, la rabette, le savon, la potasse, le tabac, les sabots, les souliers.

Bruiant nous a invités, mademoiselle Adeline et moi, à partager une tourte aux champignons.

– Avez-vous lu le *Discours aux Mânes de Marat et de Lepeletier* que doit prononcer Sade, le président de la section des Piques ? L'imprimerie de la section, rue Saint-Fiacre, le répand. Le ci-devant marquis invoque les martyrs de la Révolution qui lui annoncent... attendez, je vous lis... « l'aurore de ces jours sereins et tranquilles où Paris, plus superbe que ne fut l'ancienne Rome, deviendra l'asile des talents, l'effroi des despotes, le temple des arts, la patrie de tous les hommes libres ».

– Voilà qui est frappé.

– À merveille.

– Ce Sade, n'est-ce pas celui qu'on avait surnommé le Grand flagellant ou le Fléau des filles ? Je le croyais en prison.

– Lui-même, mademoiselle Adeline, lui-même, plusieurs fois condamné pour débauches scandaleuses où passent le fouet, la sodomie, le poison. Il venait d'être transféré de la Bastille à Charenton quand la Révolution l'a rendu à la liberté. Ses fils ont émigré. Il s'est dévoué à la cause patriotique et fait profession d'athéisme.

– C'est surtout l'auteur d'un roman paru anonymement qui connaît le succès, *Justine ou les Malheurs de la vertu*. Un conte noir en vérité, où, à rebours des fées, l'héroïne est violée, marquée, soumise à toutes les violences avant de finir foudroyée. Avec cela, des moines lubriques, des chirurgiens fous, des faux-monnayeurs, des molosses, des cachots, des forêts, des échafauds et des dissertations philosophiques, entre répugnance et fascination.

– Voilà un roman par temps de terreur.

– Je me demande, a conclu Bruiant, si les membres de la section des Piques connaissent les productions romanesques de leur président.

30 septembre

La Terreur est dans toutes les bouches. Le mot roule et coalise. Il entraîne l'adhésion. Il attise la fureur. La Commune l'a brandi en tête de Méduse pour stupéfier la Convention. Faute de pain, la Convention en a donné le goût au peuple, comme un vin sombre, un vin de ruines qui cogne les têtes, un vrai vin de ténèbres.

Cloüet s'est grisé :

– Il est temps que la peur change de camp. S'il faut broyer du noir, que ce soit pour en repeindre les étendards de la Nation et en épouvanter l'ennemi ! Ce sera la Terreur contre la Tyrannie. Que la Terreur se nourrisse de nos alarmes, de l'effroi des recrues sur les champs de bataille, de la faim qui est plus terrible que le feu de la mitraille, de la haine envers les ci-devant qui disputaient à Trianon de la nuance d'une rose – cuisse de nymphe, cuisse de nymphe émue ? – quand on crevait dans les chaumières.

Tallien en applique les principes à Bordeaux, Fouché dans la Nièvre. Que feront-ils, ces messagers de la Terreur ? Les moyens sont anciens, l'armée, la justice. Mais comment échapper à l'ivresse des massacres ? Comment maîtriser la machine de mort ?

En septembre : dix-sept condamnations à mort ; trente-sept acquittements.

1er octobre

Au Tribunal révolutionnaire, Pierre-Hubert Bridoux, sergent aux Chasseurs, a été convaincu d'avoir détourné des recrues destinées à l'armée du Nord et reçu de l'argent des communes sous prétexte de leur remplacement. Coupable de vol envers la République, il a été condamné à mort, avec ses complices, Jean-Baptiste Leroi, François Gillot, Michel Menion, Jean-Baptiste Goubet.

Au tribunal criminel (où j'ai envoyé Chêneville), Michel Lebeau et Louis Lion, brocanteurs tous les deux, ont été condamnés comme distributeurs de faux assignats.

Consternée par les victoires de l'armée catholique, la Convention réorganise les troupes révolutionnaires. L'armée de Mayence, celle des côtes de La Rochelle et celle des côtes de Brest sont dissoutes pour former l'armée de l'Ouest. Les députés exigent des généraux la victoire en Vendée avant le 20 octobre.

Les sections parisiennes réclament la condamnation des Girondins arrêtés.

2 octobre

Pierre Lenglé-Schoebeque, ancien subdélégué de l'intendance de Flandres et d'Artois, ancien maire de Cassel, a été condamné pour intelligence avec les émigrés et provocation de troubles contre les autorités.

Parmi les témoins déposant contre lui (attestant qu'il avait hébergé des prêtres réfractaires), Merlin de Douai et Le Bon d'Arras.

3 octobre

La Convention a décrété la traduction de la ci-devant reine devant le Tribunal révolutionnaire.

Les députés qui ont protesté contre la journée du 2 juin ont été arrêtés.

La maladie me laisse en repos.

4 octobre

Nouvelles fumées. Coiffée d'un bonnet rouge, une femme me présente sa gorge dont elle forme un bouquet. J'y place mon vit, qui glisse entre ses seins, trop heureux dans ce goulet d'extase, quand, au feu de l'action, elle se retourne et, à genoux devant moi, le cul très élevé, m'offre des fesses si rondes, si blanches, qu'après quelques suçons j'enfonce mon vit dans le pressoir, où je vais et viens avec tant de facilité qu'autour de moi un essaim d'oiseaux fous et de bêtes criardes m'engage à jouir. Je me retire. Je décharge.

Me voici inondé des preuves tangibles du plaisir (comme disent nos romanciers).

5 octobre

Hier, Philippe-Marie Lebrun, inspecteur général des remontes des chevaux, demeurant à Saumur, a été exécuté pour avoir abandonné aux rebelles de Vendée cent trente et un chevaux. On l'accusait d'avoir appelé à la contre-révolution, arboré la cocarde blanche et prêté serment à Louis XVII.

Jacques Bellanger, marchand de bœufs, a été convaincu d'avoir fait l'éloge du ci-devant dauphin, exalté Charlotte Corday et cherché à enrôler pour l'armée rebelle. Son frère Pierre, complice, a été condamné avec lui. Ils ont déclaré vouloir mourir en vrais républicains et n'ont cessé de crier « Vive la République ! » sur le chemin de l'échafaud. Pierre le criait encore, m'a dit Cloüet, quand le couperet est tombé.

Ci-devant noble, native de Nancy, condamnée pour avoir entretenu une correspondance secrète avec des émigrés au moyen de l'encre sympathique, Jeanne Charlotte Rutan a été exécutée.

La Convention a adopté le calendrier républicain, qui prend effet à partir du 22 septembre 1792. L'année est divisée en douze mois de trente jours ; chaque mois est divisé en trois décades. On doit à Fabre d'Églantine le nom des mois nouveaux. De sorte que nous sommes le 5 octobre 1793 de l'ère vulgaire, mais le 14 vendémiaire de l'an II selon la République, la dernière année de mon existence selon Cadet-Gassicourt.

Puissé-je voir la paix établie sur le territoire de la République avant de mourir.

6 octobre

Curé constitutionnel de Saint-Barthélemy, près de Versailles, Jean-Baptiste-François Guichard a été convaincu d'avoir tenu des propos avilissant la municipalité. Pour avoir refusé d'administrer les malades pendant la nuit et les avoir laissé mourir sans sacrements, pour avoir annoncé à ses paroissiens qu'il célébrerait toutes les fêtes supprimées, il a été condamné à mort.

7 octobre

Élu à la Convention par la Seine-et-Oise, proche des Girondins après avoir soutenu Robespierre dans son journal, Gorsas fait partie des députés qui ont dénoncé les appels au crime de Marat. Décrété d'arrestation le 2 juin, il a pris la fuite en province. Il a été arrêté alors qu'il était revenu se cacher chez sa maîtresse, libraire au Palais-Égalité.

Traître à la patrie, hors-la-loi, il a été traduit devant le tribunal, identifié et exécuté.

Est-ce un effet de la Terreur ? On vient de guillotiner un député pour la première fois.

8 octobre

Directeur de la poste aux chevaux de Saumur, convaincu d'avoir fourni aux rebelles des bœufs pour le charroi de leur artillerie, Henri Dupin a été condamné à mort.

Condamné à midi, exécuté à cinq heures, il n'a cessé durant ce temps de pleurer et de s'arracher les cheveux dans le plus profond désespoir.

9 octobre

L'armée de la République a repris Lyon.

Déréglée dans ses affaires, sur le point d'être dénoncée comme fidèle à la monarchie, une demoiselle Picard s'est donné la mort, dans la rue voisine. On frappait à la porte, elle a ouvert la fenêtre et s'est jetée dans le vide. Je l'avais rencontrée deux ou trois fois. Sa mère avait appartenu au trop fameux sérail du Parc-aux-Cerfs, rue Saint-Médéric, dans le quartier Saint-Louis de Versailles. Le Bel y avait négocié son pucelage avec la tante de la jeune fille, une coiffeuse qui se faisait appeler madame de Saint-André.

Après lui avoir accommodé les dents, on l'avait baignée, parfumée, ajustée et fourrée dans le lit du monarque lessivé de débauche. Le ci-devant royal se ragoûtait par de petites bourgeoises, des grisettes toutes neuves qu'on cherchait dans Paris. Après y être restée deux ans, la nièce Saint-André avait été mariée à un receveur des postes, largement dotée.

Qui peut dire combien de millions ont été engloutis dans l'entretien du Parc-aux-Cerfs, les frais de la maison, le salaire des rabatteurs, le renouvellement du harem, l'éducation des enfants naturels, la dot des filles et le prix du silence ? C'est bien là, oui, c'est bien là une des origines de *l'affreux déficit* dans lequel la monarchie a plongé la nation.

10 octobre

La Convention a suivi Saint-Just et déclaré le gouvernement de la France « révolutionnaire jusqu'à la paix ».

La Commune a voté l'arrêté de Chaumette qui reconnaît comme suspects (au-delà de ceux déjà poursuivis) les individus qui, dans les assemblées du peuple, arrêtent son énergie par des discours astucieux, des cris turbulents et des murmures ; ceux qui parlent mystérieusement des malheurs de la République et répandent de mauvaises nouvelles avec une douleur affectée ; ceux qui plaignent les fermiers et les marchands avides, contre lesquels la loi est obligée de prendre des mesures ; ceux qui, n'ayant rien fait contre la liberté, n'ont aussi rien fait pour elle.

Le dernier point effraie, mais n'est-ce pas le moyen d'impliquer toute la nation, d'engager tous les citoyens à se dévouer totalement ?

11 octobre

Jean-Jacques Barbot, instituteur, convaincu de correspondances criminelles, ayant douté de Robespierre et accusé Marat, a été condamné à mort et exécuté. Possédé du démon de la contre-révolution, il a crié « Vive le roi ! » sur l'échafaud. La foule l'a chargé d'imprécations et réclamé au bourreau qu'il lui montre sa tête.

12 octobre

La Convention décrète que la ville de Lyon sera détruite. « Tout ce qui fut habité par le riche sera démoli. Il ne restera que la maison du pauvre, les habitations des patriotes égorgés ou proscrits, les édifices spécialement employés à l'industrie, et les monuments consacrés à l'humanité et à l'instruction publique. » Le nom de Lyon sera effacé. La ville portera désormais le nom de Ville-Affranchie.

Hébert se déchaîne contre la ci-devant reine, interrogée en vue de son procès. C'est *la Grande Colère du Père Duchesne de voir que l'on cherche midi à quatorze heures pour juger la tigresse d'Autriche, et que l'on demande des pièces pour la condamner tandis que, si on lui rendait justice, elle devrait être hachée comme chair à pâté pour tout le sang qu'elle a fait répandre*.

Nicolas-François Barthélemy, curé de Sénonge, dans les Vosges, a été convaincu d'avoir approuvé la désertion de Dumouriez, rétracté son serment constitutionnel, regretté la mort du ci-devant roi. Accusé d'avoir abandonné une procession avec le saint sacrement, il a reconnu le fait :

– Les hommes armés qui m'entouraient étaient ivres morts.

Sur le chemin de l'échafaud, il a refusé le secours d'un prêtre assermenté. Fixant un crucifix posé sur ses genoux, il paraissait occupé de *la vie après la mort*.

– Encore faut-il que tous les billets soient gagnants à la loterie de l'éternité ! m'a dit mon concierge.

16 octobre

Après plusieurs jours de procès et l'audition d'une quarantaine de témoins (dont certains ont porté l'accusation d'inceste), Marie-Antoinette, veuve de Louis Capet, a été condamnée à la peine de mort pour influence pernicieuse sur le ci-devant roi et intelligence avec les puissances étrangères, notamment son frère, le roi de Bohème.

Est-ce bien elle la bergère de Trianon, si brillante dans le tourbillon des fêtes, est-ce bien elle qu'on disait *gracieuse à ravir*, cette femme vieillissante, le visage couvert de boutons, une petite bave aux lèvres, la poitrine tombante, marquée par la peur et le chagrin, toujours fière pourtant et tenant tête au président Herman comme à Fouquier-Tinville ?

De tous les chefs d'accusation, je retiens la communication d'informations militaires à l'ennemi. À prononcer selon mon cœur, j'opinerais pour la réclusion dans un couvent de province. Selon raison et justice, la trahison par temps de guerre mérite la mort.

17 octobre

Joachim Pichelin, grenadier, et Jean-Baptiste Niclot, caporal dans le même régiment, ont été condamnés pour avoir crié dans une auberge « Vive le roi ! Vive Marie-Antoinette ! » et s'être moqué des assignats qu'ils appelaient « la foutue monnaie de la République ». Receveur des rentes, Pierre Germain Lallemand l'a été pour correspondance avec l'ennemi.

Hier les troupes de la Convention remportaient la victoire sur les Autrichiens à Wattignies. Kléber et Marceau triomphent des Vendéens à Cholet.

Hébert témoigne dans son journal de la grande joie du Père Duchesne *après avoir vu, de ses propres yeux, la tête de Veto femelle séparée de son foutu col de grue*.

Nous nous sommes retrouvés, Bruiant et moi, au Palais-Égalité.

– Curieux comme la guillotine porte à peindre, comme un vin fort porte à la tête. On a répandu une gravure représentant la tête tranchée de Custine. Un peintre a fait le portrait de Charlotte Corday dans sa cellule. Je viens d'apprendre que David a croqué Marie-Antoinette sur le chemin de l'échafaud, depuis une fenêtre de la rue Saint-Honoré.

« Pas de doute, Jean-Baptiste. Le couperet excite la peinture.

18 octobre

Pierre François Malengié, juge de paix, Pèlerin Guy Joire, officier municipal, Antoine Joseph Deletré, négociant, Paul François Clarisse, chapelier, ont été condamnés à la peine de mort. Leurs noms figuraient sur une liste trouvée dans la poche d'un officier hollandais mort au combat, *État d'une partie des bourgeois royalistes d'Armentières*. Douze prévenus passaient en jugement pour ce motif : quatre seront guillotinés, six emprisonnés jusqu'à la paix.

22 octobre, 1er brumaire de l'ère nouvelle

Louis-Aimon Pernon, administrateur de la loterie nationale, a été convaincu de correspondance avec les contre-révolutionnaires de Lyon et exécuté.

Messager de la Terreur, Carrier a été envoyé à Nantes.

23 octobre

Pierre Pastourel, curé de Saint-Hilaire, prévenu de complicité avec les Vendéens lorsqu'ils occupaient Saumur, a cherché à se justifier :

– Si je me suis rétracté, c'est forcé, contraint par l'ennemi, pour protéger mes paroissiens.

Pierre Jean Baptiste Bruslé, ancien curé constitutionnel devenu commis de banque à Paris, était prévenu de propos séditieux, ayant juré qu'il donnerait sa vie pour la veuve Capet.

Ils ont été condamnés et exécutés tous les deux.

24 octobre

Rémi Martin, bûcheron, accusé d'avoir appelé au retour des ci-devant seigneurs, a été condamné à la guillotine, de même que Claude Janson, canonnier, pour avoir déclaré dans un cabaret que la Convention était un tas de gueux et la reine une brave femme, qu'il n'y avait ni honneur ni profit d'aller se battre pour la République.

Janson a invoqué l'état d'ivresse. À quoi le président a répondu que ce n'était pas une excuse, « attendu qu'un patriote est patriote même dans le vin ».

25 octobre

Tout vient de nouveau à manquer, le pain, les œufs, le beurre. Rien dans les boutiques ni sur les marchés. Par chance, j'ai reçu de Compiègne des pommes de terre et du lard et invité Bruiant, Chêneville et Cloüet.

Repas difficile. Échauffés par le vin, mes deux lieutenants se sont violemment opposés sur l'état des choses politiques. Au moment de son départ, raccompagnant Chêneville, je lui ai recommandé la prudence dans ses propos.

27 octobre

Ci-devant noble, vicaire de l'ancien évêque d'Agen, prêtre insermenté, La Roche Fontenelle a été convaincu d'intelligence avec l'ennemi, ayant fait plusieurs voyages à l'étranger en utilisant de faux passeports. On dit qu'il a été arrêté à Louveciennes chez la ci-devant comtesse Du Barry. Priant, les yeux au ciel, sur le chemin de l'échafaud, son attitude a exaspéré la foule.

– S'il y a un Dieu qui récompense et punit, les traîtres subiront les peines de l'enfer, m'a dit Cloüet, féru comme mon concierge de théologie révolutionnaire.

28 octobre

Cloüet m'a rapporté une chanson des adieux de la reine, adieux à ses amants, dont il ignore l'auteur :

Madame Guillotine
Est ma dame d'honneur,
Pour moi plus de cuisine.
Adieu, l'appât flatteur
Des courtisans !
Adieu, mes amants !
Je meurs, hélas,
Par un rude trépas.

29 octobre

Prêtre du diocèse de Limoges, chapelain à l'hôpital de Blois dont il avait été banni pour avoir refusé le serment constitutionnel, Jean-Joseph Saulnier est poursuivi comme prêtre réfractaire. La supérieure de l'hôpital, Marie-Félicité Roger, passe en jugement pour l'avoir caché dans un cabinet dont la porte était dissimulée par une armoire. Saulnier est condamné à mort pour incivisme et fanatisme ; la sœur Roger à six années de réclusion et à l'exposition préalable pendant six heures, place de la Révolution.

L'affrontement continue entre les citoyennes des sociétés révolutionnaires qui imposent à toutes les femmes de porter le bonnet rouge et ces dames de la Halle, qui s'y opposent. Cela va jusqu'à la violence. Coups et fessées de part et d'autre. La Convention devra trancher.

30 octobre

Le désordre des rues remonte à la tribune. Malgré Charlier qui demande sur quel principe peut-on retirer aux femmes le droit de s'assembler, « à moins de contester qu'elles fassent partie du genre humain pour leur ôter ce droit commun à tout être pensant », la Convention décrète que les clubs et les sociétés populaires de femmes, sous quelque dénomination que ce soit, sont défendus. Peu capables de hautes conceptions et de méditations sérieuses, pudiques, réservées, les femmes ne doivent pas sortir de la famille pour s'immiscer dans les affaires du gouvernement, a soutenu Amar au nom du Comité de sûreté générale.

Représentants en mission, Collot d'Herbois et Fouché sont envoyés à Lyon.

La campagne menée par Hébert a porté. Dans son journal, au club des Cordeliers, voilà longtemps qu'il réclame le procès des Girondins et la mort de Brissot, « ce monstre qui a fait couler le sang d'un million d'hommes en nous forçant de déclarer la guerre ». Au début du mois, après la mise en accusation des vingt et un députés devant le Tribunal révolutionnaire, le Père Duchesne marquait sa joie :

– Il n'y a plus à reculer, foutre, les traîtres sont au pied du mur. Il faut que justice soit faite. Cartouche-Brissot et sa bande de voleurs et d'assassins, les Mandrins de la Gironde, vont recevoir le prix de leurs forfaits.

Commencé il y a cinq jours sous la présidence d'Herman, le procès des députés girondins s'est achevé aujourd'hui. Convaincus de conspiration contre l'unité de la République, Brissot, Vergniaud, Gensonné, Duperret, Carra, Gardien, Dufriche-Valazé, Duprat, Brulart-Sillery, Fauchet, Ducos, Boyer-Fonfrède, Lasource, Lesterpt-Beauvais, Duchastel, Mainvielle, Lacaze, Lehardy, Boileau, Antiboul, Viger sont condamnés à la peine de mort. Le grand crime est d'avoir cherché à fédéraliser la République.

En entendant le jugement, Dufriche-Valazé s'est poignardé sur les gradins. D'accord avec

Fouquier-Tinville, Herman a ordonné que son cadavre soit porté au lieu du supplice.

C'est pourtant une chose stupéfiante d'entendre ces noms tomber l'un après l'autre, comme tranchés du monde dans lequel ils ont retenti, les noms de députés si présents, si familiers, dont l'action fut si déterminante dans les premières années de la Révolution.

Les exécutions quotidiennes y ont préparé le peuple.

– Que les Brissotins périssent ! Que les scélérats tendent le cou ! criait la foule autour de moi.

31 octobre

L'exécution de *la clique girondine* a duré quarante-trois minutes, m'a dit Cloüet.

Le Moniteur reproduit la lettre de Fouquier-Tinville adressée à la Convention, il y a deux jours, la veille du jugement :

– Ce procès sera donc interminable. D'ailleurs, on se demande pourquoi des témoins ? La Convention, la France entière accusent ceux dont le procès s'instruit ; les preuves de leurs crimes sont évidentes, chacun a dans son âme la conviction qu'ils sont coupables ; le tribunal ne peut rien faire par lui-même, il est obligé de suivre la loi ; c'est à la Convention à faire disparaître toutes les formalités qui entravent sa marche.

Billaud-Varenne en avait profité pour demander qu'on donne officiellement son nom au tribunal :

– Rappelez-vous ce que dit Salluste : en matière de conspiration, on ne saurait avoir trop de sévérité ; c'est la faiblesse qui anéantit les révolutions. Je demande que vous donniez à ce tribunal le nom qu'il doit avoir, c'est-à-dire qu'il soit appelé tribunal révolutionnaire.

Adopté.

1er novembre, vieux style ou style esclave,
comme dit Cloüet

Jour des morts. Une gelée blanche recouvre la ville.

André Deschamps, représentant des artistes horlogers, lui-même horloger grande rue du Faubourg Saint-Denis, père de six enfants, s'emporte publiquement :

– La France ne pourra jamais être érigée en république ; la monarchie vaut mieux ; on ne voit partout que scélérats. Marat et Robespierre sont des pendards.

Gendarme national, Nicolas Leroi abandonne son poste dans l'armée de Custine et vend le cheval que lui a confié la nation. À Saint-Hubert, dans le cabaret de Pasquier, des citoyens le lui reprochent. Piqué, Leroi tire un pistolet et débite dans sa fureur :

– Voilà la guerre civile qui va commencer. Si je n'étais pas si connu dans Saint-Hubert, je la commencerais moi-même.

Un autre jour, à Auffargis, dans le cabaret de Benoît, il discute du recrutement avec des fils de fermiers :

– On ne peut, disent-ils, nous contraindre soit à tirer au sort, soit à nous enrôler.

– La loi vous laisse la liberté, insinue Leroi, vous ferez bien de rester chez vous.

Un citoyen l'interpelle :

– La nation vous paye-t-elle pour mettre le trouble et le désordre dans cette commune ?

– Les opinions sont libres. Que parles-tu de nation ? N'a-t-on pas bien vécu jusqu'ici ? Ne peut-on pas vivre sans elle ?

Les deux prévenus ont été condamnés à la peine de mort pour propos séditieux.

À l'énoncé du jugement, Leroi a quitté sa place et s'est élancé contre les juges pour les « mettre en pièces ». Les huissiers l'ont saisi et solidement garrotté. C'est ainsi qu'il a été conduit à l'échafaud.

Autre mort : on a découvert tout à l'heure le corps d'une fille publique, Éléonore Rolande, la gorge tranchée d'une oreille à l'autre, éventrée du torse jusqu'au bas-ventre au moyen d'un sabre ou d'un large couteau. Les mouches bourdonnaient dans sa chambre de l'hôtel du Mans, rue Croix-des-Petits-Champs, quand nous l'avons découverte. Le sang s'était répandu. Les viscères coulaient. J'ai demandé à Chêneville de faire sortir le chien qui se trouvait là. Le visage de la fille était couvert de gouttes de sperme, que j'ai essuyées avec mon mouchoir.

J'ai vu des corps assassinés de toutes les manières, je n'ai jamais vu un tel massacre.

La fille était blonde, avec une dent noire, au-devant.

Je l'ai regardée longuement dans les yeux avant de quitter la chambre.

ÉLÉONORE ROLANDE

Enfant, elle dévalait les ruelles pour courir vers la mer.

C'était là-bas la vraie ville, avec ses avenues, ses palais, des anges de pierre aux ailes déployées et du marbre partout chauffé par le soleil. La bande de guenilles accueillait les bateaux avec des cris de joie. Éléonore n'avait d'yeux que pour le grand théâtre, les colonnes, les lumières, le ballet des carrosses et des belles dames qui défilaient devant elle quand elle se tenait là, des heures, les jours de spectacle, à les regarder passer.

Elle dansa. On la vit jeter les bras et les jambes en avant, sauter, tourbillonner sur la montée des marches devant la maison, dans la cour du curé après le catéchisme, aux fêtes de la ville avec leurs fontaines de vin et leurs mâts de cocagne. À l'âge de quatorze ans, ses parents vendirent son pucelage à un riche négociant, qui la fit entrer à l'Opéra de Marseille. Elle eut un appartement, une femme de chambre, une cuisinière. Un maître de ballet lui donnait des leçons. Son entreteneur se montrait amoureux, comme est amoureux un négociant marseillais qui règle les dépenses et a fixé le prix de ses plaisirs.

Éléonore reçut l'instruction des coulisses, tout ce qu'il faut savoir quand on a la taille fine, les épaules et les seins délivrés de la main lourde du père : la comédie du plaisir ; la bourse des faveurs ; les acrobaties de l'alcôve ; la diplomatie des négociations ; les pièges à éviter, où l'on tombe quand même. Vue du côté du cul, la vie est une farce. Six mois plus tard, Éléonore quittait Marseille avec son maître de ballet.

Elle entra à Lyon dans une nouvelle troupe. Les amants se mangèrent quelque temps de caresses. Sans ressources, tirant la langue, ils s'ennuyèrent l'un de l'autre. Leurs adieux furent aussi touchants que ceux de Titus et Bérénice. Le lendemain, Éléonore s'installait dans l'appartement meublé pour elle par un ancien capitaine, honoré de la croix de Saint-Louis et d'une jambe de bois. Elle avait la peau blanche, la gorge en devenir, l'air délibéré, sans effronterie. Quoique son capitaine fût généreux, elle se mourait d'ennui et du désir de briller à Paris, qui lui mangeait les sangs.

Elle prit la poste un matin en emportant ce qu'elle avait pu mettre à couvert. À Paris, elle s'installa rue des Moulins, butte Saint-Roch, chez une marchande de modes qui louait des chambres. Avant de se faire inscrire à l'Opéra, il lui fallut satisfaire un abbé servant d'intermédiaire, le régisseur, le maître de danse, le directeur. Enfin elle y était ! bien décidée à prendre dans ses filets un amant de qualité. Elle se fixa à ce système pendant trois semaines, fuyant les œillades et les galanteries, excellant sur la scène dans les écarts et les pirouettes qui mettaient ses caleçons en lumière. Elle attendait son heure. Ce fut le comte de La Marche, veuf, sans enfant, qui emporta la mise. Elle eut à sa disposition un appartement magnifique, un valet de chambre, deux laquais, un carrosse. À la fin du premier mois, le comte lui offrit une montre à répétition enrichie de diamants ; le mois suivant, des boucles d'oreille en or ; puis une bague fine, et ainsi de suite. Quand elle se montrait en grande parure, quand on criait son carrosse à la sortie d'un spectacle, Éléonore étouffait de joie.

Capricieuse, elle se brouillait souvent avec le comte et en était quitte pour se rendre à son hôtel, entrer dans sa chambre, se mettre nue dans le lit et lui ouvrir les bras.

Croisy, son perruquier, se mêla de faire le joli cœur. Pas de courtisane qui n'ait son greluchon.

Il fut l'amant chéri. Elle lui fit poudrer sa toison. Le chevalier de Saint-Fond lui succéda, un de ces aimables débauchés qui sont l'âme des parties fines, beau parleur, grand joueur, galant avec désinvolture, ordurier avec grâce. Le comte s'en aperçut. Profitant de l'absence d'Éléonore, il fit déménager les meubles et plier l'argenterie, renvoya les domestiques et reprit les bijoux. Elle partagea la chambre garnie du chevalier à l'hôtel de la Linche, piètre séjour qu'il quittait quelquefois pour lui permettre une passade de quelques louis. Ce fut la première de ses dégringolades, avant que Saint-Fond ne prenne la fuite en emportant plusieurs milliers de livres qu'elle venait d'emprunter sur ses boucles de souliers, mises en gage chez un orfèvre-joaillier du Pont-au-Change.

Éléonore commença de méditer sur la mêlée d'admiration et de mépris que suscitent les filles. Toutes-puissantes quand un grand seigneur s'épuise de soupirs à leurs pieds. Gorgées d'amertume quand le sort les laisse misérables.

L'abbé Savatier qu'elle avait connu à son arrivée à Paris vint essuyer ses larmes et s'y prit si bien qu'elle accoucha d'un enfant au bout de neuf mois. L'enfant abandonné aux Enfants-Trouvés, il fallut se remettre sur les rangs. L'air de nouveauté était passé. Comment se faire désirer dans le feu roulant des nouvelles recrues ? Elle fit d'une dent noircie à la suite d'une chute un signe de distinction.

Éléonore connut quelques succès. L'ambassadeur de la République de Venise lui envoya un vis-à-vis superbe, garni en velours jonquille, tiré par quatre chevaux fins, dans lequel elle trouva douze couverts, quatre cuillères à ragoût, douze cuillères à café, le tout en vermeil, accompagné d'une promesse d'argent comptant pour soutenir un train de maison. Elle fut sage cette fois, jusqu'à souffrir les goûts ultramontains de l'ambassadeur. Celui-ci fut rappelé. Éléonore vécut longtemps sur ce qu'elle en avait tiré, ayant transformé ses fonds en six tabatières d'or finement ouvragées et six montres diamantées, qu'elle vendit l'une après l'autre.

S'étourdissant de nouveau, elle vécut entourée de petits plumets. De tous ces papillons, L'Estangue, le plus favorisé, la ruina totalement, lui prêcha misère et la quitta affreusement endettée.

Nouvelles caravanes. Il fallut emménager, déménager au petit jour. Entre fortunes et revers, Éléonore fit de la dame Rosemonde la dépositaire de ses chagrins. Marchande de draps *À l'Étoile*, rue Saint-Honoré, c'était une grosse femme réjouie, avenante, âgée de quarante ans, qui avait une liaison réglée avec son compère, marchand comme elle, sur la place aux Veaux. Leur commerce en cachait un autre.

Sur la foi de leur bonne mine, de graves financiers, de bons bourgeois, des prêtres prudents s'adressaient à eux pour leur procurer des filles belles et sages, qui ne fussent point scandaleuses. Éléonore fut de la partie sous le nom de mademoiselle l'Angélus. Elle était recherchée pour l'air de décence qu'elle gardait dans les scènes libertines. Liée d'amitié avec Euphrosyne, qui demeurait rue des Douze-Portes, au Marais, au-dessus d'un loueur de carrosses, elle initia quelques-uns de ses clients au bonheur de se trouver entre deux filles savantes dans l'art de donner du plaisir.

Déclinant sur la scène de l'Académie royale de musique, Éléonore obtint d'être engagée dans la troupe de l'Opéra-Comique. Contraint de fermer ses portes au moment de la prise de la Bastille, le théâtre multiplia les gages à la Révolution, donnant des représentations au bénéfice des victimes du 10 août et des citoyens engagés pour la défense de la patrie. Elle s'enthousiasma pour les airs de Grétry et de Méhul, s'affligea secrètement des pièces patriotiques comme *Mirabeau aux Champs-Élysées* ou *Lepeletier de Saint-Fargeau*. Installée à l'hôtel du Mans, le principe de discrétion qu'elle avait adopté lui fit traverser ces années périlleuses.

Surveillée par les comités révolutionnaires, méfiants à l'égard des artistes trop longtemps caressées par les ci-devant aristocrates, Éléonore Rolande venait d'obtenir son certificat de civisme lorsque, dans la nuit du 31 octobre au 1er novembre 1793, elle ouvrit la porte à la Terreur, en songeant alors, dévastée par la peur, que les anges de pierre de son enfance, que tous les anges du monde venaient de refermer leurs ailes.

3 novembre

Fumées. Je disparais. Cela tient à rien. Des coulées de ciel bleu dans une tourbe de nuages. Le désir qui revient raconter ses histoires, avec des filles qui écartent les jambes où engloutir les chagrins et la peur de mourir. « Ixion est heureux quand il embrasse sa nuée, et si sa nuée ne s'évanouit pas entre ses bras, il est toujours heureux », disait le philosophe Diderot, que je rencontrais quelquefois chez Bruiant. J'embrasse mes nuées. Le rêve tient ses promesses tant que dure le plaisir, et je mords aux nuages.

J'ai mis mes hommes en chasse dans l'affaire de l'hôtel du Mans.

On accède aux chambres par un réseau d'escaliers extérieurs. Le portail est ouvert toute la nuit. Rien de plus facile que d'entrer et sortir sans être vu. Du reste, aucun témoin. Ce qui est sûr, c'est que le vol n'est en rien le mobile. On a retrouvé dans un tiroir un bracelet de diamants que la fille gardait pour des temps difficiles.

Hier, Gabriel Wormselle, Guillaume et Antoine Lemoine, Jean-Simon Lacombe-Puygueraud, membres de la Gironde considérés comme traîtres et hors-la-loi, ont été identifiés par le tribunal et exécutés.

Olympe de Gouges, née Marie Gouze, femme de lettres, fondatrice de sociétés révolutionnaires féminines, attachée aux tricoteuses, a été condamnée pour « écrits tendant à l'établissement d'un pouvoir attentatoire à la souveraineté du peuple », malgré de nombreux ouvrages dénonçant l'esclavage et toutes les oppressions.

– Parbleu ! me dit Bruiant, c'est *Zamore et Mirza ou l'Heureux Esclavage*. Ne te fie pas à la niaiserie du z, la lettre papillon de nos petits auteurs, il y a là, Jean-Baptiste, du courage et de la générosité.

« Impulsive, amoureuse, la femme Gouges était dérangeante. Trop d'écrits, trop d'appels, dans tous les sens, avec comme point fixe la défense des femmes. Souviens-toi de sa *Déclaration des droits de la femme et de la citoyenne*, il y a deux ans, cinglant les préjugés despotiques des hommes.

« *Ô femmes ! Femmes, quand cesserez-vous d'être aveugles ?*

4 novembre

J'ai pensé à l'amertume qu'avait dû éprouver Olympe de Gouges au moment où, montant sur l'échafaud, elle en avait appelé aux tricoteuses, qui lui avaient répondu : « Vive la République ! »

– C'est en tricotant que naissent les atrocités, a depuis longtemps conclu Bruiant.

À la suite d'une enquête visant la citoyenne Coutelet, la section Beaurepaire perquisitionne chez sa sœur Marie Madeleine, directrice de la filature de chanvre de la rue Saint-Jacques, qui habite la même maison. Plusieurs lettres contenant des propos antipatriotiques sont découvertes. Marie Madeleine Coutelet est condamnée à la guillotine.

– Avec un nom pareil, elle était cuite ! m'a soufflé mon voisin.

Tous les noms sont bons. Le rayonnement de celui du député de Mayence, docteur en philosophie, Adam Lux, ne l'a pas empêché d'être condamné à mort. Proche des Girondins, il s'était déclaré admirateur passionné de Charlotte Corday, qu'il jugeait « plus grande que Brutus ».

5 novembre

Sont condamnés Jean Lepage, couvreur dans l'arrondissement de la municipalité de Savigny-sur-Orge, pour avoir refusé de prendre les armes dans la

Garde nationale, crié « Vive Louis XVII ! » à l'annonce d'une victoire vendéenne et s'être moqué des autorités ; Pierre Gondier, agent de change, chez qui on a trouvé une grande quantité de pain recuit, indispensable à sa santé, soutenait-il ; Jacques-Nicolas Laroque, ci-devant noble, convaincu de correspondance avec son fils émigré et possesseur de nombreux ouvrages, pamphlets et chansons, contre les prêtres assermentés :

Le Pénitent :

J'ai brûlé plus de vingt maisons,
J'ai dépouillé quatorze églises,
J'ai vendu d'infâmes chansons.
De plus, j'ai fouetté des sœurs grises,
J'ai pris beaucoup d'argent et d'or,
Dirai-je mon Confiteor ?

Le Confesseur assermenté :

À ces seuls traits je reconnais
Le pur et vrai patriotisme.
Tous vos péchés je vous remets
En dépit du vieux catéchisme,
Qui vous eût fait vingt fois encore
Dire votre Confiteor.

6 novembre

On reproche à Coustard, député à la Convention, d'être resté à Nantes après sa mission pour soutenir les brigands de Vendée. Il a beau assurer les avoir combattus, il est condamné. De même qu'Antoine Brousse, garçon serrurier, pour propos antirévolutionnaires.

– Disposez de moi, disposez de ma bourse. Je suis à même de vous distribuer vingt-cinq louis. Le comte d'Artois ne me laisse point manquer d'argent. Croyez-moi, dans huit jours, le roi de Prusse, mon ami, viendra s'unir à nous.

En disant ces mots, il avait tiré de sa poche un écu de six livres qu'il avait embrassé en plaignant le ci-devant roi, *mon pauvre Capet*.

Un autre jour, alors que ses compagnons avaient suspendu dans la boutique un drapeau tricolore :

– Je foutrai au feu votre drapeau. Je chierai dessus. Je ne le souffrirai qu'après que vous en aurez supprimé les couleurs bleue et rouge.

Les jurés unanimes l'ont déclaré coupable de manœuvres antipatriotiques.

Pour Philippe-Égalité, le cousin de Capet, le ci-devant duc d'Orléans, la chose était entendue. Voidel, son avocat, a plaidé habilement que c'était sans doute l'homme de France que les royalistes détestaient le plus pour avoir voté la mort du ci-devant roi. Cela n'a pas suffi. Il arrive que les plus grands ennemis se retrouvent dans une haine commune.

Au récit que me fait Chêneville de l'audition de Pierre-Nicolas Rennequin devant le tribunal criminel, je crois reconnaître le complice échappé de Melchior Hardy (le voleur de beurre). Du moins un détrousseur aussi maladroit que lui.

Âgé de dix-neuf ans, surnuméraire dans les bureaux du ministre de l'Intérieur, Rennequin entre chez un limonadier, rue des Fossés-Saint-Germain-l'Auxerrois. Il demande deux demi-tasses de café. Le limonadier pose devant lui deux tasses, avec deux cuillères d'argent et, le temps de chercher sa cafetière, Rennequin prend les cuillères et s'enfuit. Le limonadier et son fils s'élancent, le poursuivent, le rattrapent rue Saint-Honoré, vis-à-vis de la rue du Four. On le conduit devant le commissaire de police de la section du Louvre. Les deux cuillères sont dans sa poche. Il soutient qu'il n'a pas eu l'intention de les voler. Un besoin naturel l'a forcé de sortir. Il allait au loin chercher un lieu secret. S'il a emporté les cuillères, ça a été dans la crainte qu'on ne profitât de son absence pour s'en emparer.

Même récit devant le tribunal. Dépositions accablantes. Dénégations frivoles. Rennequin a été condamné à huit ans de peine des fers et à six heures d'exposition.

7 novembre

Cinq officiers municipaux de Pont-de-Cé ont été condamnés pour avoir prêté concours aux rebelles de Vendée.

Aucune avancée dans l'enquête sur le crime d'Éléonore Rolande.

Je suis retourné sur les lieux et, fût-ce en plein jour, j'ai reconnu la facilité avec laquelle on pouvait gagner les chambres sans être aperçu. Chêneville a retrouvé une demoiselle Euphrosyne avec laquelle elle était souvent en partie. Son témoignage a été inutile. Rien n'indique que le meurtrier ait été l'un de ses familiers.

8 novembre

Ma mère avait vieilli. Il lui fallait s'y prendre à plusieurs reprises pour se lever. Ses genoux la faisaient souffrir. Elle marchait avec peine. Je n'ai rien vu. Je ne l'ai pas connue dans la souffrance de vieillir, quand les jours se chargent d'amertume, quand le moment se prépare et que vient l'heure de mourir.

Il me semble à présent que je porte son âge et le mien.

Directeur de la fabrication des assignats, Simon-François Lamarche, prévenu à la fois de prévarication et de participation à la défense des Tuileries dans la journée du 10 août, a été condamné à la peine de mort. C'est aussi Marie Jeanne Phlipon ou Philipon, Manon Roland, l'épouse de l'ancien ministre de l'Intérieur enfui en Normandie lors de la proscription des Girondins, qu'on jugeait ce matin.

La belle Girondine, que *Le Père Duchesne* vomissait sous le nom de *la femme de Coco Roland*, a trop longtemps tenu salon et tressé le buisson des Brissot, Buzot, Barbaroux pour ne pas être emportée. Avec cela des traverses amoureuses. Une mêlée de lumières et d'exaltation. Manon Roland a été condamnée et exécutée comme complice d'une « conspiration horrible » contre la République.

10 novembre

Fête de la Liberté et de la Raison.

La Commune s'acharne à déprêtriser la Nation. Dans la nuit de mercredi à jeudi, Chaumette, Hébert et Momoro se sont rendus chez Gobel, l'évêque constitutionnel de Paris, et l'ont sommé, sous menace de mort, d'aller le lendemain abjurer la religion catholique devant la Convention.

– Il faut en finir avec les magots et les magotes d'Église, m'a dit Cloüet. Les momeries du Père éternel ont vécu. Que les prêtres reviennent dans le monde ! La farce est jouée.

La cathédrale Notre-Dame est devenue le temple de la Raison. Les chœurs de l'Opéra y ont chanté des hymnes en l'honneur de la nouvelle déesse, incarnée par une actrice, mademoiselle Maillard.

– Voilà, Jean-Baptiste, une raison à laquelle je me rendrais volontiers. La demoiselle est un sujet essentiel à l'Opéra, où je l'ai entendue dans *Nephté, reine d'Égypte*, sur une musique de Lemoine, et dans *Colinette à la cour*, la comédie lyrique de Grétry, où elle tenait le rôle d'Amélie.

– Je connais d'elle une aventure de carrosse rapportée par mes espions.

« Sans voiture à la sortie de l'Opéra, elle monte avec un particulier qui offre de la ramener. L'inconnu fait le galant, s'empresse, est heureux. Arrivé devant sa porte, il demande à la revoir. À quoi la belle répond qu'elle est désolée, mais qu'*elle répugne à faire de nouvelles connaissances*.

11 novembre

L'ancien condisciple de Lavoisier, Jean Sylvain Bailly, le célèbre astronome, l'ancien maire de Paris, a été condamné à mort et exécuté sur l'esplanade entre le Champ-de-Mars et la Seine, où a eu lieu la fusillade meurtrière du 17 juillet 1792 dont il a été reconnu responsable. Chêneville m'a dit combien ont été humiliants ses derniers instants. Sous la pluie. Dans le froid. Au milieu des huées.

Ci-devant noble, capitaine dans le régiment de Salm-Salm, Frédéric Kalb est soupçonné d'être passé au service des ci-devant princes. Rentré à Paris, où il logeait rue du Four sous la qualité de négociant, il a été arrêté par la section du Contrat social. Dans son domicile, de nombreuses brochures contre-révolutionnaires. Convaincu des faits qui lui sont reprochés, Kalb a été condamné à mort. Le tribunal a ordonné que les brochures saisies chez lui soient brûlées par l'exécuteur des jugements criminels.

Ci-devant domestique vigneron, Jean-Nicolas Roy a été condamné pour propos antipatriotiques tenus en état d'ivresse près de la porte Saint-Denis.

– En 1790, Paris était très bien illuminé quand le roi avait accepté la nouvelle Constitution...

12 novembre

Logés à La Flèche chez Marie Chasle, veuve de Fontaine-Mervé, ci-devant noble, des volontaires du 5e bataillon de Paris ont feint de partager ses sentiments aristocratiques et permis la découverte de correspondance avec des prêtres fanatiques et d'autres suspects.

Ci-devant intendant de la ci-devant Madame, Louis Henri Duchesne avait adressé à la Convention une pétition protestant contre la condamnation de Capet :

– Rougissez, législateurs, d'avoir admis parmi vous une multitude d'êtres connus pour leur immoralité...

La pétition et d'autres brochures de même farine lui valent d'être condamné à mort. Le bonhomme m'a paru la tête aux nuages, exalté au-delà de toute mesure. Combien sont-ils ceux dont les renversements de la Révolution ont fracassé l'esprit, qui sont comme les fruits de l'arbre secoué par l'orage, tombés à terre, hallucinés, perdus ?

13 novembre

On l'a appris ce matin : il y a trois jours, à Bourg-Beaudouin, en Normandie, Jean-Marie Roland s'est percé le cœur avec sa canne épée, après avoir appris l'exécution de sa femme.

On a déposé à l'Assemblée *les dépouilles de la superstition*, l'or, l'argenterie, les châsses, les ciboires, les calices, les patènes, les chandeliers, les croix, tout l'accessoire du théâtre calotin, pour être porté à la Monnaie. Les messes, les vêpres, les cérémonies religieuses sont supprimées. Les livres de piété seront brûlés. Les églises seront transformées en temples de la Raison, où l'on dispensera des cours de morale ponctués d'hymnes civiques.

Ont été condamnés à mort Louis Dodet, domestique, pour être resté en correspondance avec son maître émigré en Angleterre, et Bertrand Poirier, avocat à Chinon, pour avoir détourné des jeunes gens de s'enrôler et s'être trouvé en possession de nombreux écrits antipatriotiques, parmi lesquels un manuscrit de sa main intitulé *L'Ombre d'Henri IV* qui faisait l'éloge de *Louis le dernier*, « le meilleur des rois ».

14 novembre

Considéré comme traître à la Révolution par ses anciens amis Jacobins, auteur de *La Bastille dévoilée*, ancien procureur de la Commune, impliqué dans les massacres de septembre (qu'il avait ensuite condamnés), acharné contre la famille royale (qu'il avait ensuite soutenue), Manuel a été ramené de Montargis à Paris pour être jugé. Soumis à un faisceau d'accusations, il a été condamné à mort.

Le général Brunet a été convaincu de n'avoir pas répondu aux demandes des missionnaires de la Convention qui réclamaient l'appui de ses troupes pour écraser Marseille en révolte.

15 novembre

À la tribune de la Convention, Sade, de la section des Piques, a prononcé au nom de plusieurs sections un réquisitoire contre les illusions religieuses, maintenant que le règne de la philosophie a anéanti celui de l'imposture.

– Envoyons la courtisane de Galilée se reposer de la peine qu'elle eut de nous faire croire, pendant dix-huit siècles, qu'une femme peut enfanter sans cesser d'être vierge ! Congédions aussi tous ses acolytes ; ce n'est plus auprès du temple de la Raison que nous pouvons révérer encore des Sulpice ou des Paul, des Magdeleine ou des Catherine.

Après avoir pris Avranches, les Vendéens ont été écrasés devant Granville.

Considéré comme traître et hors-la-loi, Cussy, ex-député du Calvados, ex-commandant de la Garde nationale de Caen, a été identifié et remis aux mains de l'exécuteur. Revenu en France, arrêté à Bellegarde dans le Gâtinais, confronté aux citoyens Maillard, portier de sa maison, Aubry, son tailleur, et Terrasse, gardien des archives du ci-devant Parlement, Gilbert Voisins, ex-président à l'ancien Parlement de Paris, a été condamné à mort comme ayant émigré. Ci-devant noble, ancien général, Romé a été convaincu de correspondance avec les émigrés et de propos antirévolutionnaires.

Chêneville assistait à l'audience où paraissait le général Houchard.

Le visage outré de blessures, la bouche remontée vers l'oreille par un coup de fusil, les joues et les lèvres fendues par des coups de sabre, Houchard avait été arrêté le lendemain de sa victoire à Hondschoote.

Soupçonné de demi-mesures par Billaud-Varenne, il se trouvait accusé de complicité avec l'ennemi et de solidarité avec Custine dans ses erreurs stratégiques.

– Pourquoi avez-vous voulu livrer la ville de Douai aux ennemis ?

– Je n'ai jamais eu l'intention de livrer même une chaumière à l'ennemi sans la défendre vigoureusement.

Lorsque Dumas l'a accusé de lâcheté, le vieux lion a déchiré ses vêtements et présenté sa poitrine criblée de cicatrices :

– Citoyens jurés, lisez ma réponse, c'est là qu'elle est écrite.

Hébété, assommé par ce dernier coup, qui a semblé à Chêneville une défiguration morale, plus violente que les blessures au combat, Houchard n'a cessé de répéter le mot sinistre, jusque sur l'échafaud :

– Le misérable ! Il m'a traité de lâche !

La guerre lui avait pris son visage. La Terreur lui aura pris son âme.

16 novembre

Cela n'a pas manqué : on a arrêté hier la Montansier qu'Hébert – lui-même ancien caissier au théâtre des Variétés (et soupçonné d'en avoir volé la caisse) – avait prise pour cible.

Le Père Duchesne réclamait contre la « vieille balayeuse de coulisses », qu'il appelait aussi « la première pourvoyeuse de la Louve autrichienne ». Proche de Dumouriez à Bruxelles, la directrice de théâtre est accusée d'avoir entretenu des correspondances avec l'ennemi et reçu de l'argent de la ci-devant reine. Trop voisine de la Bibliothèque nationale à laquelle elle pourrait mettre le feu, sa nouvelle salle de spectacle sera fermée.

Le citoyen Lausanne et la citoyenne Millin-Grandmaison, prévenus de propos antipatriotiques tenus dans leur manufacture de savon, rue des Jardins, section de l'Arsenal, ont été acquittés. L'imposture des témoins est évidente. Considérées comme calomnieuses, les dépositions de Cartereau-Désormaux, Douheret et Goisset, leur valent d'être mis en état d'arrestation.

De même, Boullet, menuisier machiniste, dénoncé pour propos en faveur de la royauté, a été relâché et les témoins enjoints d'être plus circonspects.

Je suis allé dans la salle du tribunal criminel où passaient en jugement des fabricants de faux assignats.

Le 30 janvier 1793, Bonne-Carrère, veuve Collet, femme de journée, entre à neuf heures du soir dans un cabaret pour acheter un demi-setier de vin.

– Vous avez de la monnaie ? demande-t-elle en présentant un assignat de cinq livres au marchand de vin.

– Cet assignat est faux, citoyenne. D'où le tenez-vous ?

– Je l'ai reçu hier de Contant, le boulanger.

Le cabaretier se rend chez Contant, qui déclare n'avoir ni donné ni reçu de billet de cinq livres la veille.

La veuve est interrogée par le comité de la section de Beaurepaire. Une perquisition à son domicile, qu'elle partage avec le citoyen Montalant, rue de l'Hirondelle, met au jour du matériel de contrefaction.

Au terme de leur audition devant le tribunal, Montalant est acquitté, Bonne-Carrère est condamnée à la peine de mort pour avoir diffusé sciemment un faux assignat.

17 novembre

Capitaine d'infanterie pensionné, ci-devant inspecteur des Tuileries, Pierre Charles Duparc a été convaincu d'avoir participé à la défense du château contre le peuple dans la journée du 10 août. Poursuivi pour la même raison, et pour avoir dit que « la Garde nationale n'était que des tristes à pattes et qu'il chiait sur la Nation », François Prix, dit Saint-Prix, invalide, a été condamné lui aussi.

Le tribunal a ordonné que le chien de Saint-Prix, apparemment dressé à aboyer contre les soldats de la Garde nationale, soit abattu.

18 novembre

Le comité de surveillance de la section des Tuileries a exécuté le jugement du tribunal. Georges, commissaire du comité, et Hosteaux, inspecteur de police, se sont rendus au Combat du Taureau, tenu par la citoyenne Macquart, où le chien de Saint-Prix a été assommé en présence de Bonneau, de la section des Arcis.

C'est ici que s'organisaient, les jours de fêtes, les combats de taureaux, d'ours ou de dogues déchaînés. Combats féroces, véritables écoles du sang, que la municipalité de Paris a désormais interdits.

J'apprends par des rapports de police que, dans la nuit du 16 au 17, Carrier, en mission à Nantes, a tiré de prison quatre-vingt-dix prêtres réfractaires, qu'il les a fait emmener dans un bateau à trappe, de manière qu'arrivés à hauteur de Paimbœuf, les mains liées derrière le dos, ils ont été jetés et noyés dans la Loire, les survivants achevés à coups de sabre. Est-ce vrai ? Un représentant de la Convention peut-il commettre de telles atrocités ?

L'Histoire laisse le souvenir de tyrans *se baignant dans le sang de ceux qu'ils ont massacrés*. Carrier fait de la Loire un fleuve d'enfer, un bourbier d'épouvante.

19 novembre

– À qui le tour ?... Je suis bonne fille, démocratique, populaire. Riches et pauvres, jeunes et vieux, garçons et filles, ouvriers, grands bourgeois, ci-devant, ci-après, tout est bien, tout est bon. Mes deux bras sont ouverts, la lunette vous attend. Au Souhait universel, c'est l'auberge du monde. Rois et reines, généraux, députés trouvent en moi bon accueil. Les émigrés reviennent de loin répondre à mon appel. Je suis la fascinante, le jouet mécanique, démontable, remontable à loisir.

« À qui le tour ?... Ce n'est pas l'égalité qui m'inspire, mais le renversement, l'innocent tranché coupable, le républicain convaincu de royalisme, le juge condamné et mis à mort.

« Et toi-même, commissaire, qui échoues dans l'enquête sur la fille Rolande, il serait peut-être temps de glisser ta tête dans le collier fatal ?

Je me suis réveillé trempé de sueur.

La voix de l'échafaud résonnait dans la chambre.

20 novembre

Jour de décade. Grandes cérémonies. Paris a défilé au son des tambours, les canons ouvrant la marche, les bourgeois se tenant sous le bras, les femmes en blanc ceinturées des trois couleurs, la foule portant les bustes de Marat et de Lepeletier, et la déesse Liberté, bien vivante, promenée dans un fauteuil soutenu par huit porteurs.

On a jeté dans le bûcher dressé à la Croix-Rouge une fausse tiare, une mitre, une étole, un encensoir et la statue en bois de saint Pierre arrachée à la porte de Saint-Sulpice. Il y avait dans l'église, à la place de l'autel, une espèce de théâtre aux décors empruntés à l'Opéra-Comique, des déesses, des vestales et des philosophes montés en chaire pour dire la mort de Dieu.

Leurs voix s'étouffaient dans le brouhaha général, les allées et venues des gens qui entraient, se promenaient, commentaient les discours.

21 novembre, 1er frimaire

Voilà un revirement. Robespierre a prononcé au club des Jacobins un discours pour la liberté des cultes qui dénonce l'athéisme.

– La Convention n'est point un faiseur de livres, un auteur de systèmes métaphysiques ; c'est un corps politique et populaire, chargé de faire respecter, non seulement les droits, mais le caractère du peuple français. Ce n'est point en vain qu'elle a proclamé la Déclaration des droits de l'homme en présence de l'Être suprême.

Le Vicaire a poursuivi en associant l'athéisme à l'aristocratie et l'idée d'un Grand Être au sentiment populaire.

L'athée aristocrate, l'athée *faiseur de livres*... n'est-ce pas Sade, romancier et ci-devant marquis, que Robespierre vise ici ?

Ont été condamnés pour complicité avec Brissot, « le chef odieux des Girondins », Jean-Marie Girey-Dupré, sous-garde des manuscrits à la Bibliothèque nationale, rédacteur du *Patriote français*, et Gabriel-Nicolas-François Boisguyon, adjudant général aux armées des côtes de Brest.

Girey-Dupré a revendiqué son amitié avec Brissot. Quant à la municipalité de Paris, a-t-il jeté, elle n'est composée que de « scélérats ».

22 novembre

C'est une étrange *fumée* qui m'a transporté cette nuit au cabaret du Grand cerf. Devant la porte, une espèce de palefrenier étrillait un âne, à la lueur d'une lanterne que levait une vieille. À l'intérieur, des religieuses et des poissardes, à moitié nues, fumant la pipe et buvant sec, étalaient des chairs blanches et luisantes, dans lesquelles se perdaient les vits bandants de mousquetaires en belle humeur. « Voilà une bacchanale dans les règles. » Comment résister au pot-pourri ? Je me suis mêlé à la mêlée.

Il y entrait un peu de sorcellerie. Des phallus ailés se cognaient aux fenêtres. La vieille à la lanterne faisait un collier de ses dents qui tombaient. On avait mis sur le feu un crucifix à griller avec des maquereaux. Pour le reste, c'était la vie multipliée du désir, dans l'ardeur du sang et la joie de jouir.

Je me suis retiré de mon rêve, un verre de Bourgogne à la main. L'âne brayait en secouant la tête.

23 novembre

On a appris que Collot d'Herbois et Fouché avaient écrit à la Convention pour se plaindre que les démolitions de Lyon étaient trop lentes, qu'il fallait des moyens plus énergiques à l'impatience républicaine. « L'explosion de la mine et l'activité dévorante de la flamme peuvent seules exprimer la toute-puissance du peuple. »

Claude Antoine Cappon, lieutenant-colonel au 102e d'infanterie, a été condamné pour avoir incité son régiment à prendre les armes contre la République.

Ancien contrôleur général des finances, fort riche, Clément Charles François Laverdy a été convaincu d'avoir affamé le peuple en jetant du blé dans l'étang de son domaine. Les dépositions ont paru absurdes, la justification de Laverdy rigoureuse et totale.

– Si la Nation a besoin d'argent, que ne le prend-elle sans passer par un procès truqué !

Mais la propriété, Chêneville, le respect du droit à la propriété... Voilà ce qui explique le détour judiciaire.

24 novembre

Rebondissement dans l'affaire Lausanne et Millin-Grandmaison (jugée le 16 de ce mois). Les fausses déclarations des témoins s'inscrivaient dans un complot. C'est pour s'emparer de leur fabrique que Jacques-Nicolas Cartereau-Desormeaux, fabricant de savon lui-même, avait engagé Douheret et Goisset à dénoncer Lausanne et Millin-Grandmaison pour propos contre-révolutionnaires.

Il s'avère que Cartereau-Desormeaux a quitté la France en 1790 pour n'y rentrer que deux ans plus tard. Aussi a-t-il été condamné à la peine de mort comme émigré, Douheret et Goisset à vingt ans de fers pour faux témoignages.

26 novembre

Hier, Jacques-Étienne Marchand, lieutenant de la gendarmerie nationale, royaliste enragé, a été convaincu d'avoir ordonné à ses gendarmes d'arborer la cocarde blanche.

Antoine Nicolas Lamarlière, général de la 1re division de l'armée du Nord, a été enveloppé dans la condamnation de Custine. Commandant les garnisons de Lille et de Douai, il a été dénoncé par des officiers qui l'accusaient d'incompétence et d'intelligence avec l'ennemi :

– N'avez-vous pas donné plusieurs fois à manger aux officiers ennemis ?

– Je n'ai vu les ennemis qu'à la pointe du sabre.

Un témoin l'a décrit comme « un second Dumouriez tout craché ».

27 novembre

De mon concierge, tout à l'heure :

– Les derniers mots ? Non, je n'y pense pas, commissaire. C'est cueillir la grimace qui me plaît. La dernière grimace. À l'instant du passage. Quand tombe le couperet. Ça me revient ensuite, dans la nuit, les jours qui suivent, la tête qu'ils faisaient. J'y pense, je les revois. Ça me fait un petit théâtre pas cher.

« D'ailleurs un acteur vient tous les jours regarder les condamnés dans la lunette pour en faire des caricatures, le soir, chez Nicolet.

28 novembre

Horloger à Hazebrouck, Benoît Degrandel a été condamné pour avoir tenu des propos en faveur de la royauté dans différents lieux publics.

De nationalité belge, prêtre élu d'Hazebrouck, Pierre Vervisch est accusé d'avoir perçu des pensions de l'étranger et publié un texte en flamand qui fait l'éloge de la maison d'Autriche. Pensions et texte antérieurs ou postérieurs à la Révolution ?

Le curé et sa sœur Marie-Thérèse, maîtresse d'école, ont été condamnés. Le premier, « pour avoir méchamment et à dessein quitté le pays de l'Empereur, sa patrie, pour venir souiller la terre de la liberté par son hypocrisie et son fanatisme ; pour avoir cherché à corrompre le républicanisme des patriotes des districts de Bergues et d'Hazebrouck, en y distribuant des ouvrages dans lesquels il ne prêchait que les principes infâmes du royalisme et de l'amour des tyrans ». La seconde, pour avoir partagé les maximes contre-révolutionnaires de son frère « en se faisant nommer institutrice de la jeunesse d'Hazebrouck, pour y jouer le patriotisme avec l'hypocrisie la plus raffinée ».

Il y a dans les réquisitoires de Fouquier une éloquence hautaine, une langue qui stupéfie et enveloppe l'accusé dans le filet de chacun de ses mots drapés dans l'honneur ou l'indignation.

Qui pourrait se défendre ?

29 novembre

Turreau est nommé à la tête des armées de la Convention en Vendée.

Le tribunal a condamné Barnave, le Beau transi, l'ancien président de l'Assemblée tombé amoureux de Marie-Antoinette au cours du voyage qui ramenait la famille royale de Varennes à Paris, entré en correspondance politique avec elle, compromis, désarticulé, perdu.

Duport-Dutertre, l'ancien ministre de la Justice, montera avec lui sur l'échafaud.

Quatre ci-devant nobles, quatre prêtres, un écrivain public, un officier de santé ont été condamnés à la peine de mort pour détention d'écrits, lettres, brochures ou chansons antirévolutionnaires.

1er décembre, vieux style

Jean Vincenot, dit Vimerol, commissaire aux transports de l'armée des Alpes, a été condamné pour complicité avec les révoltés de Lyon ; Jean Aubry, maître de latin à Coulommiers, sergent-major de sa compagnie, et Sébastien Mauduit, marchand de vin du boulevard Poissonnière, pour propos séditieux.

Chaque fois, imprécations, désespoirs, protestations d'innocence... chaque fois, les réactions du condamné à l'énoncé du jugement sont couvertes par le cri unanime de la foule « Vive la République ! » et ce cri magnifique tombe ici comme un premier couperet.

2 décembre

Barthélemy Soudre, cordonnier, et Guillaume Flamant, entrepreneur, ont été condamnés pour mauvaise fabrication, fournitures infidèles de souliers aux armées.

Étienne-Pierre Gorneau, commis auxiliaire de la 2e division du ministère de l'Intérieur, habitant rue des Martyrs-Mont-Marat, a été convaincu de critiques malignes contre les autorités, comme dans cette lettre du 1er juillet, adressée au citoyen Séris, clerc de notaire à Bordeaux :

Le plus sot se croit fait pour gouverner l'empire.
Un Marat siège au rang de nos législateurs,
Et ce vil publiciste a des admirateurs.

4 décembre

Vice-amiral, député à la Convention, Kersaint avait démissionné après la condamnation du ci-devant roi pour ne plus siéger parmi des « hommes de sang ». Il a été condamné à la peine de mort.

À Lyon, Fouché, impatienté par les lenteurs de la guillotine, a fait amener une soixantaine de jeunes gens dans la plaine des Brotteaux. Liés deux à deux devant des fosses creusées dans le sol, ils ont été fauchés par les canons de l'armée chargés à mitraille, et les blessés achevés à coups de sabre ou de gourdin.

Quelle folie est-ce là ? Les missionnaires rivalisent de cruauté. Ont-ils fixé entre eux un prix d'horreur ?

5 décembre

– C'est un roman noir, Bruiant, un de ces contes durs qui couvrent la vie d'un voile de ténèbres. Tu parlais des *Infortunes de Justine*. Voilà un enchaînement du même acide. Une soupe du même vitriol.

Âgée de vingt-six ans, séparée de son mari, Charlotte-Félicité de Luppé, marquise de Charry, se rend plusieurs fois en Belgique. De retour en France, elle écrit au maire d'Issy pour lui demander un passeport et se confie au député Osselin, qui, membre influent du Comité de sûreté générale, a fait adopter plusieurs décrets contre les émigrés. C'est le cas de la brebis qui demande assistance au loup. Osselin s'y intéresse si bien qu'il en fait sa maîtresse. Interrogée par la section du Luxembourg sur ses déplacements, celle-ci (qui a, en outre, une liaison avec un nommé Desplasses) apparaît rapidement suspecte et Osselin lui procure plusieurs refuges. Chez Danton, sous le nom de la citoyenne Petit. Chez son frère, curé constitutionnel de Saint-Aubin.

Le danger reste grand. Osselin conseille à sa maîtresse de se livrer. Il finit par la livrer lui-même. Cela n'est encore rien. Le curé à son tour dénonce son frère, dénonce la marquise, dénonce à tout va.

– Citoyens républicains, à l'exemple de Brutus et de Mucius Scaevola, je foule aux pieds les sentiments dont j'idolâtrais mon frère, et ne vois plus dans le nom décrété d'accusation un frère, mais un lâche et perfide mandataire. Si le fait est prouvé, j'aurai le courage de lui dire : « Tu m'as trompé en m'assurant que tu étais exempt de reproches. Je te voyais bien passionné pour une femme, mais j'ignorais que tu lui sacrifiais ta conscience et ton devoir, et par conséquent j'ignorais ce ver rongeur qui dormait dans ton sein ! »

Chargée des attributs de la séductrice, flétrie comme femme galante, la ci-devant marquise de Charry a terminé la série de ses infortunes par la condamnation à mort. Osselin a été condamné à la déportation.

La jeune femme s'est déclarée enceinte, l'exécution du jugement est suspendue.

On a identifié à l'audience Rabaut-Saint-Étienne, Girondin fugitif. Il sera exécuté.

Ancien maréchal de camp retiré à Versailles, beau-fils d'un huissier impliqué dans la défense des Tuileries, trouvé en possession d'ouvrages royalistes parmi lesquels un écrit fanatique intitulé *Amende honorable à Jésus-Christ*, Aubert-Rassay a été condamné à la guillotine.

6 décembre

J'ai reçu une lettre de mademoiselle Adeline, qui s'est réfugiée à Bordeaux après l'arrestation de la Montansier, craignant (comme toutes celles qui fréquentaient son salon) d'être entraînée dans sa chute.

Autre roman : on jugeait aujourd'hui la célèbre Du Barry.

Il est étrange comme mon âge me revient à travers ce nom, associé à la corruption de l'ancienne cour.

En avril 1765, un rapport signale que la demoiselle Vaubernier – née des amours d'Anne Bécu, couturière, et du frère Jean-Jacques Gomard, dit de Vaubernier, frère Ange en religion – vit avec Jean Baptiste Du Barry, surnommé *le Roué*, connu pour procurer des filles aux amateurs fortunés. Déjà les Richelieu, Fronsac, Villeroy sous-louent les charmes de cette « poulette ». En décembre, les amants se séparent. La Vaubernier s'installe rue Montmartre. En février, ils se raccommodent et pour prouver son zèle dans le métier, *mademoiselle l'Ange* amuse tour à tour Brissard et Cramayel, fermiers généraux.

Il arrive que telle qui commence comme Margot finisse en Aspasie.

Au-delà des grands seigneurs, Du Barry vise le roi.

Frappé par la mort de la Pompadour, par celle du Dauphin, blasé sur le Parc-aux-Cerfs, le Sultan est mélancolique. Son valet de chambre Le Bel, blanchi sous les plaisirs, essaie les charmes de l'Ange et les vante à son maître. Louis succombe. La comédie du mariage est expédiée. Guillaume, le frère du *Roué*, tient le rôle du mari ; frère Ange, le père de la mariée, celui de l'officiant. Devenue comtesse Du Barry, la nouvelle favorite est présentée à la cour, comblée de propriétés, pensions, bijoux, toilettes. Quel train de vie, ma chère !

Les couplets orduriers courent sur la nouvelle élue, fille de rien, née d'une couturière et d'un moine, marcheuse sous les lanternes, qui réveille les sens du vieux magot par la science pratique de l'amour et une effronterie canaille dans les plaisirs.

Bonne fille pourtant.

Retirée dans sa propriété de Louveciennes à la Révolution, ayant fait plusieurs voyages en Angleterre pour une affaire de bijoux volés, la Du Barry est une proie facile. Fouquier a dressé contre elle la République attachée à la rigueur des mœurs, « qui est la première base de la liberté des peuples ».

Jeanne a été condamnée à la guillotine, ainsi que son banquier hollandais, et les deux fils de celui-ci, dénoncés par Héron.

8 décembre

Décrété d'accusation, en fuite, arrêté, envoyé au tribunal, identifié, le député Noël a partagé la charrette qui menait la Du Barry à la guillotine. Chêneville m'a dit les cris qu'elle poussait, gémissant, implorant la foule. « Sauvez-moi ! Je n'ai jamais fait de mal à personne. »

Elle voyait la mort qui tout à coup fondait sur elle, qui jusque-là n'avait fait que tournoyer, plus ou moins menaçante, mais toujours à distance, tandis que là, ça y était, et dans la prison de la Conciergerie, dans la charrette, sur l'échafaud, la tête dans la lunette, jusqu'au dernier moment, elle suppliait, pleurait, retardait le couperet, elle qui avait été si belle, qui était belle encore, voyez ma bouche à mordre, mes joues à croquer, mes seins qui veulent la main d'un homme et sauraient la remplir, il n'est pas temps encore, le jour est beau, je vous en prie, une minute, monsieur le bourreau, encore une mi...

9 décembre

– La putain à Louis y est passée. Vous auriez dû voir ça, commissaire. C'est pas tous les jours qu'on voit trancher la tête à une femme si belle. Et qui pleure, en plus ! C'est quelque chose.

L'idée m'a effleuré que mon concierge pouvait être l'assassin d'Éléonore.

Rien de ce côté-là. C'est dans les premiers jours que tout se joue. Seuls la chance, le hasard, une dénonciation pourraient relancer l'enquête.

Sallés, Pinard, Bourillon, Pougeol, Bouchet, tailleurs d'habits, ont été condamnés à la peine de mort pour fournitures infidèles. Philippe Rigault, administrateur des troupes de la République, leur complice, l'a été avec eux.

10 décembre

Grande cérémonie à Notre-Dame, où l'on a fêté la Raison avec les chœurs et l'orchestre de l'Opéra (tandis qu'on recommence à célébrer la messe, ici et là, dans Paris).

D'un côté la République rétablit la liberté des cultes, de l'autre elle vient de faire enfermer Sade à la prison des Madelonnettes.

11 décembre

Hier, à Nantes, dans l'épaisseur de la nuit complice de ses crimes, Carrier a de nouveau livré une soixantaine de prêtres angevins à « la déportation verticale », en les noyant dans la Loire.

12 décembre

Les armées vendéennes ont été écrasées devant Le Mans.

On a condamné hier, pour intelligence avec l'ennemi et amitié avec la Du Barry, Louis-Marguerite-Bernard Escourt, ancien capitaine de cavalerie, aide de camp de Brissac (commandant de la garde de Capet et amant de la belle).

Carré de dames : Marie-Gervaise Vernin-Aigrepont, aidée par sa sœur Madeleine, est prévenue d'envoi d'argent à son fils émigré. Claire Sevin et Catherine Halbourg, filles prostituées, sont accusées d'avoir crié « Vive Louis XVII ! » après avoir arraché leur cocarde tricolore. L'état d'ivresse n'excuse rien. On sait, a tonné Fouquier (reprenant le réquisitoire de Chaumette contre les filles publiques, « opprobre de leur sexe », « peste publique », « fléau de la société »), on sait que l'appât du libertinage a toujours été l'un des moyens du despotisme « pour affermir son empire et perpétuer l'esclavage des citoyens ».

Toutes les quatre ont été condamnées à la peine de mort.

13 décembre

Ancien colonel des Gardes françaises, émigré, convaincu d'avoir voulu réprimer l'insurrection du peuple dans la nuit du 9 au 10 août 1792, trouvé en possession d'un drapeau brodé d'or, orné des fleurs de lys, qui devait servir de signal aux conjurés, Marie-Louis-Florent Duchâtelet a été condamné à mort.

Le tribunal a ordonné que le drapeau soit brûlé par l'exécuteur.

15 décembre

Hier, François-Xavier Buniau, ci-devant procureur de la ci-devant prévôté de Maubeuge, convaincu d'avoir arboré la cocarde blanche en signe de rébellion, et Pierre-Jacques-Charles Porcher, employé à la mairie de Paris, demeurant rue Forest, ancien domestique d'un émigré, convaincu lui-même d'émigration, ont été condamnés.

C'était aujourd'hui le cas de Jacques Serpaud, né à Angoulême, intendant du ci-devant duc de Montmorency, rue Neuve-Saint-Marc, de Jacques Husson-Chancourt, trésorier du même, et de Joseph Blouet, son concierge, tous les trois condamnés pour correspondance avec les ennemis de l'État.

16 décembre

Dans un navire, *l'écrivain* tient registre des marchandises qui entrent et qui sortent. Il garde la liste à jour. Je me suis fait *l'écrivain* du Tribunal révolutionnaire, comme un devoir que je me suis imposé à moi-même. Je ne sais quand l'idée m'est venue. Le pli est pris. Je continue.

Antoine Demachy, marchand épicier, Jean-Louis Tonnelier, marchand mercier, Bernard-Marie Lemeunier, perruquier, Jean-Baptiste Giblin, tailleur d'habits, complices dans la fourniture aux soldats d'équipements défectueux vendus au-dessus de leur valeur, ont été condamnés à la peine de mort. Dans la même affaire, Jean-Louis Valagnos, commissaire pour l'habillement, a été condamné à douze années de fers ; François Ourtillet, ceinturonnier, et Jean-François Barré, sellier, ont été acquittés.

On a aussi condamné à mort Jean-Melchior Collenel, dit Fontel, ancien colonel au 101e régiment de ligne. Licencié pour incivisme, il avait offert ses services aux révoltés de Lyon contre la République.

17 décembre

Nicolas Rémy Lesure, ancien constituant, juge de paix de Sainte-Ménehould, a été convaincu de conspiration contre l'unité et l'indivisibilité de la République. Louis Henri Varlet, ci-devant clerc de procureur, chef du dépôt des charrois des armées, a été condamné pour infidélités dans l'administration du dépôt de Franciade, en trompant sur l'effectif des chevaux et le poids des bottes de foin.

18 décembre

Brèves délices. Je me suis enivré d'un bon vin de Bourgogne. C'est un moyen très simple d'oublier la douleur et d'ouvrir le chemin des rêves. Avec ça, on voit la danseuse que Dieu ou la Raison ou la Vie a mis au cœur de chacun, qui vous fait son petit tour de gaîté avec ses jambes lisses pour desserrer l'angoisse et repousser le vautour qui y est aussi, que Dieu, la Raison ou la Vie a mis aussi au cœur de chacun pour faire bonne mesure.

19 décembre

Hier, Jean Marie Lecomte, prêtre insermenté, trouvé en possession d'une bague portant une inscription royaliste, et Jean-Baptiste Peyre, prêtre constitutionnel trouvé en possession d'écrits fanatiques et de sermons contre-révolutionnaires, ont été condamnés.

Aujourd'hui, Fayel, ci-devant juge de paix, a été convaincu de prévarication ; Couvey, ci-devant accusateur public au tribunal de Cambrai, d'intelligence avec l'ennemi ; Tarragon, ci-devant capitaine au 6e régiment d'infanterie, né dans la caste des ci-devant nobles, de conspiration.

L'armée de la République a repris Toulon. Parmi ceux qui se sont distingués au combat, Dugommier, le général en chef, salue dans son rapport les citoyens Buona Parte, commandant l'artillerie, Arena et Gervoni, adjudants généraux.

20 décembre

Carrier poursuit ses noyades à Nantes. Le Faucheur massacre les rebelles de Lyon. Comment

Fréron, l'ancien ami de Marat, l'ancien président des Cordeliers, pourrait-il demeurer en reste ?

Dès hier, dès la prise de *l'infâme Toulon* qui a livré sa flotte aux Anglais, qui a proclamé roi Louis XVII, il en convoque les habitants au Champ-de-Mars, où les troupes en mouvement paraissent à l'exercice. Quelques centaines de Toulonnais choisis à la hâte sont pressés contre les murailles. Les batteries se découvrent. Le feu de la fusillade se déchaîne. On promet la clémence aux blessés. Ils se relèvent. Feu !

– Qu'on se le dise, les fusillades sont ici à l'ordre du jour !

C'est ainsi que Fréron sonne la mort dans le vide d'une ville exsangue, le jour où la Convention vote une loi sur l'enseignement laïc, gratuit et obligatoire, pour les enfants de six à neuf ans.

21 décembre, 1er nivôse

Le jésuite Dervillé (ci-devant d'Herville ou d'Hervilly), prêtre insermenté d'Orléans se réclamant de l'Église catholique, apostolique et romaine, déguisé en femme lors de son arrestation, réfugié chez Marie-Anne Poulin, ancienne religieuse, a été convaincu d'intelligence avec les brigands de Vendée.

Dervillé, Poulin et Bernard, sa domestique, ont été condamnés à la peine de mort pour avoir préféré « les faveurs du fanatisme à la majesté des lois ».

22 décembre

Mademoiselle Adeline est rentrée. Paris lui manquait. Du reste, la Montansier est à présent oubliée. Du moins l'espère-t-on.

Jean-Baptise Hortier, dit Bourguignon, natif de Charny, cordonnier à La Chapelle, près de Paris, a été convaincu de mauvaises fournitures.

23 décembre

Marie Adam a été condamnée pour possession d'un portrait de Louis XVI dissimulé derrière une gravure et correspondance encroûtée d'aristocratie. Jacques-Denis Lafosse, marchand mercier, rue Saint-Martin, l'a été pour mauvaises fournitures. Denis Morin, valet de chambre de la Du Barry, et Jacques-Étienne-Victor Labondie, qui l'avait accompagnée à Londres, l'ont été pour conspiration.

Nous avons repris nos plaisirs, mademoiselle Adeline, Bruiant et moi, en assistant à la première de *La Parfaite Égalité ou les Tu et Toi*.

La comédie de Dorvigny met en scène le bonhomme Francœur et sa femme, enthousiasmés par le décret qui supprime le vouvoiement pour assurer l'égalité des citoyens. De là, leçons de grammaire au jardinier, et roulement général du tutoiement entre maîtres et domestiques, clients et filles de boutique, cochers ou portiers.

– Voilà un langage à l'antique, Jean-Baptiste.

– Les conditions demeurent. Les violences et les humiliations passeront autrement dans la langue.

– Tout de même, il vaut mieux que le monde soit à tu et à toi...

– ... qu'à feu et à sang, oui, oui, mademoiselle Adeline.

– Eh bien, te tutoierai-je, commissaire ?

24 décembre

Teissier, négociant, a été condamné pour correspondance avec des émigrés. Bourg et Kourtz, couvreurs en paille, Kartz, tisserand, ont été convaincus d'intelligence avec l'ennemi au moment où il occupait leur commune dans le district de Thionville.

– Il n'y a plus de Vendée, la Vendée est morte !

Cloüet m'a communiqué le rapport à la Convention du général Westermann, dont la cavalerie a achevé hier la déroute des Vendéens. « Suivant les ordres que vous m'aviez donnés, j'ai écrasé les enfants sous les pieds des chevaux, massacré les femmes, qui, au moins pour celles-là, n'enfanteront plus de brigands. Je n'ai pas un prisonnier à me reprocher. J'ai tout exterminé. »

Partout, des pyramides de cadavres ; les prisonniers fusillés, car « la pitié n'est pas révolutionnaire » ;

l'Ouest réduit à rien. Est-ce un motif de gloire ? Quel général s'enorgueillit d'un tel triomphe ?

La Terreur s'est armée de massacres. L'horreur a pris partout comme un feu de paille sèche. Qui sait quand s'arrêtera cette faim de tuerie, ce rêve de carnage hanté des peurs et des menaces qui pèsent sur la République ?

25 décembre

Le temps est noir, froid, on craint la gelée ou la neige. Après tout, c'est nivôse.

Marie-Jean Allard, ci-devant curé de Bagneux, a été condamné pour provocation à la royauté, fanatisme religieux et intelligence avec les Vendéens ; Nicolas Gommet, boulanger, pour accaparement.

Nous sommes allés à l'Opéra, qui donnait *La Fête de la Raison* de Maréchal et Grétry. Livret brutal, musique médiocre. On y voit les objets du culte catholique jetés au feu, après qu'un prêtre a déchiré sa soutane et changé de costume :

Au diable la calotte !
Au diable la calotte !
Je me fais sans-culotte !

J'ai reçu de mon cousin de Compiègne un panier contenant un chapon, un pâté et trois pains d'épice.

Voilà pour le repas de fête que nous avons partagé après le théâtre. Sans penser religion ni raison. En oubliant calottes et sans-culottes.

26 décembre

Ancien capitaine du vaisseau *L'Apollon*, accusé d'avoir arboré la cocarde blanche et manqué de zèle au service de la Révolution, suspect de sympathie pour la Gironde, Charles-Auguste Prévost-Lacroix a été condamné. L'ont été également Félix-Daniel Barrois, commis à l'habillement des troupes, et Augustin-Amable Clément, horloger, pour avoir tiré sur le peuple lors de l'émeute du Champ-de-Mars.

28 décembre

Allié aux Girondins, ancien ministre des Affaires étrangères, se cachant à Paris, rue de l'Égalité, sous l'apparence d'un brasseur liégeois, Tondu-Lebrun a été convaincu hier de responsabilité dans la perte de la Belgique et la révolte de la Vendée ; Dancourt-Demarest, directeur des équipages de l'armée des Alpes, l'a été de comptes frauduleux dans son administration.

Aujourd'hui, Dietrich, l'ancien maire de Strasbourg, accusé d'avoir protégé les émigrés, les prêtres insermentés, les amis de La Fayette, a été condamné à la guillotine.

29 décembre

Brumes. Peut-on faire un rêve sans images ? Il y avait dans ma nuit, dans la nuit du sommeil assommé par la drogue, des amants qui s'aimaient, gémissant lentement et jouissant du gémissement qui les rivait l'un à l'autre. Là-dessus des halètements, des syncopes, des cris à l'étouffé, des suspensions rythmiques frottés à l'impatience du plaisir. C'est de l'obscur, et ça ne pardonne pas. Me voilà à l'affût du tumulte amoureux. Jusqu'aux sanglots, jusqu'aux derniers sanglots de la jouissance, et le doux rire des amants heureux, satisfaits l'un de l'autre.

30 décembre

Des Tuileries au Champ-de-Mars, on a fêté les victoires de l'armée française avec un immense cortège qu'ouvrait la cavalerie, suivie par les sapeurs, les canonniers, les tambours, les gardes parisiennes, les représentants des comités, des corps, des communes et de la Convention, quatorze chars représentant nos quatorze armées, précédant le char de la Victoire entouré de cinquante invalides et d'une centaine de sans-culottes en bonnet rouge.

Au tribunal, nouveau roman, celui d'Armand-Louis Biron, ci-devant duc de Lauzun, général en chef, entré dans la carrière militaire à quatorze ans, décoré de la croix de Saint-Louis, important dans l'expédition du Sénégal, glorieux dans la guerre d'Indépendance américaine, séducteur, roué, favori de Marie-Antoinette (au point qu'on l'a supposé son amant), député aux États-Généraux, passé au service de la Révolution et commandant l'armée du Nord, celle du Rhin, celle de l'Ouest, avant d'être suspecté d'indulgence envers les Vendéens, soupçonné de trahison et condamné à la guillotine.

31 décembre

Charles-Marie Barré, du district de Lassay, a été convaincu d'hostilité envers la Convention après la journée du 2 juin, Pierre-François-René Folzer d'avoir rejoint les rebelles de Vendée.

1794

1er janvier, vieux style

Bruiant m'écrit qu'il a fait don de sa bibliothèque, livres, documents, manuscrits, partitions de musique, tout ce qu'il possède dans ce genre, à la Bibliothèque nationale.

Il n'a gardé pour lui que *Le Roman de Renart*.

2 janvier

On a condamné hier un prêtre insermenté, ci-devant vicaire de Saint-Nicolas-des-Champs, en possession d'un paquet cacheté portant l'inscription

Sang de Louis XVI ; un ci-devant noble, aide de camp de Dumouriez, et sa maîtresse, ayant gardé des bustes et des portraits d'ennemis de la Nation ; un agent des charrois et un commissaire des guerres, convaincus de manœuvres frauduleuses.

Partout se mêlent cruautés, désespoirs et trahisons. Rosalie Dalbert s'est présentée d'elle-même au comité de surveillance de la section des Tuileries, déclarant qu'elle ne pouvait survivre à l'exécution de la ci-devant reine. Perdue dans Paris, on l'a d'abord considérée comme folle ou romanesque, avant de reconnaître en elle une espionne envoyée par l'archiduchesse Christine, la sœur de Marie-Antoinette, et abandonnée par son complice après leur arrivée dans la capitale.

Antoine-Louis Champagne, ci-devant noble, ci-devant chanoine et chantre de la cathédrale de Troyes, a été condamné pour des écrits tendant au rétablissement de la royauté. Marie-Madeleine Chrétien, qui l'hébergeait, a été convaincue de complicité.

3 janvier

Le crime du père, le sang du fils ?

Il y a dans la Terreur, toute d'un bloc, biblique, souveraine, promettant les sept plaies à l'ennemi, une exaltation à même hauteur que les fanatismes qu'elle combat. Il faut s'en défendre. Je ne pense pas à la déprêtrisation, au grand débarras des églises, sacrements et reliques jetés à la voirie. Érigée en dogme, la Raison n'est-elle pas la grimace du fanatisme ? Je pense à la loi républicaine. C'est à elle d'assumer cette autorité contre-sacrée. C'est dans l'application résolue et réfléchie de la loi que nous nous sauverons de tout aveuglement.

Voilà de grandes considérations. C'est qu'on jugeait aujourd'hui Amand-Louis-Philippe-François Custine, ci-devant ministre plénipotentiaire du Capet à Berlin, adjudant général à l'armée du Rhin, sous les ordres de son père, avec qui il entretenait une correspondance suivie. Est-ce le crime ?

– Avez-vous eu connaissance des intelligences de votre père avec les ennemis de la République et des moyens par lui employés pour l'exécution de ses projets contre la liberté et la sûreté du peuple ? Y avez-vous participé ?

– Je n'ai jamais connu ni de tels projets ni de tels moyens, et n'ai jamais participé à aucun de cette nature.

– Il est impossible, a conclu Dumas, il est contraire à la nature des choses qu'un fils tel que vous, habituellement en correspondance avec son père, ne soit pas son complice.

Condamné.

4 janvier

Allemand d'origine, ci-devant maréchal, commandant en chef des armées du Rhin et du Nord, ci-devant prince, ami de La Fayette, Luckner a été convaincu d'être « l'esclave titré d'un tyran conspirateur contre un peuple libre », ayant livré plusieurs places fortes à l'ennemi.

Canet-Dugay Marange, ci-devant substitut de la Cour des aides de Paris, a été condamné pour correspondances criminelles avec les ennemis intérieurs et extérieurs de l'État.

6 janvier

Hier Jean-Baptiste Hérard a été condamné pour fournitures infidèles visant à « compromettre la vie de ses frères », alors que, fabricant de savons, il avait servi d'intermédiaire dans la fourniture de hampes de piques défectueuses.

Nicolas-Vincent Bollogne, ci-devant vicaire à Bicêtre, Camille Capisuchi-Bollogne, ci-devant marquis, et Jean-Baptiste Bollogne, ci-devant sergent aux Gardes françaises, ont été convaincus de correspondance contre-révolutionnaire, gémissant de la fin de la noblesse, gardant chez eux des écrits anticiviques. À la vérité, chacun présentait un cas différent. Membres éloignés de la même famille, ils ont été enveloppés dans la condamnation du même nom.

7 janvier

Claude-Augustin Imbert, supposé étudiant, demeurant à Paris, rue Maubuée, fabricant de faux passeports, a été condamné pour conspiration.

Ont été également condamnés Joseph Mandrillon, ancien commissaire du pouvoir exécutif en Belgique, et Catherine Laviolette, faisant commerce de toile à Courtrai, où elle était retournée pendant l'occupation prussienne, avec une lettre de recommandation au commandant de la place signée précisément par Mandrillon.

8 janvier

Receveuse d'abonnements de *La Gazette de Paris*, en possession d'un portrait de Louis XVI et d'autres reliques, papiers, couplets, témoignant de son attachement à l'ancien régime, Marie-Aimée Leroy, femme Feuchère, a été condamnée à son tour après Durosoi, le rédacteur du journal exécuté il y a deux ans, pour visées contre-révolutionnaires :

– L'accusée Feuchère recevait les abonnements, faisait les envois, était la directrice de tous les moyens de circulation, la grande agente d'une entreprise criminelle qui n'avait son dernier et véritable effet que par elle. C'est par la main de la Feuchère que l'esprit public était, si cela peut se dire, immédiatement empoisonné.

L'imprimeur de *La Gazette*, le citoyen Girouard, a été également condamné, convaincu de consacrer ses presses « aux ouvrages d'aristocratie contre-révolutionnaires et aux obscénités qui constatent un homme sans vergogne et contre-révolutionnaire, car on ne peut être républicain avec de telles mœurs ».

– Mais, Jean-Baptiste, Girouard, avec ses presses obscènes, c'est l'imprimeur de la *Justine* de Sade, au 47 de la rue du Bout-du-Monde. On dit qu'il préparait l'édition d'un nouvel ouvrage du ci-devant marquis, *Aline et Valcour*. Le tribunal nous privera-t-il d'un roman nouveau ?

14 janvier

Je suis revenu de Compiègne où, ravagé par les douleurs de ventre, après avoir souffert plusieurs nuits d'insomnie, j'étais parti oublier mon mal et m'oublier moi-même. Chaque jour, et plusieurs fois par jour, pour prévenir les vomissements, des pots de thé, du bouillon à l'oseille et au cerfeuil, des pruneaux cuits, sans pain ni vin.

Je me purge les entrailles, tandis que la Nation se purge de ses ennemis.

Le *baiser Lamourette* a fait long feu. J'ai appris qu'il y a quelques jours, l'ancien évêque constitutionnel, membre de l'Assemblée, où il avait conduit les députés à se jeter dans les bras l'un de l'autre après un appel à l'unité, Adrien Lamourette a été condamné à la guillotine pour complicité avec les Girondins et sympathie avec les rebelles de Lyon.

Ci-devant capucin, dénoncé à Béziers pour avoir parlé méprisamment de la Convention, soupçonné d'avoir favorisé l'évasion d'un Girondin, Venance Dougados a été condamné, ainsi que Bernard-Augustin d'Abzac, ci-devant capitaine d'infanterie, accusé de correspondance avec les émigrés.

– Quelle opinion t'étais-tu formée de leurs projets d'après la correspondance que tu avais avec plusieurs d'entre eux ?

– Je présume qu'ils désiraient rendre au roi son ancienne autorité.

– Penses-tu que ce désir fût louable ?

– Je ne le loue ni ne le blâme, mais je pense qu'ils auraient cru bien faire, tant l'habitude d'obéir au roi leur avait persuadé que ce serait le bien de la Nation.

Membre des Cordeliers, ami fidèle de Danton, acteur de théâtre, auteur prolifique de tragédies et d'opéras-comiques, célèbre pour ses romances, amateur de filles (mineures, le plus souvent), enrichi frauduleusement dans les fournitures aux armées, Fabre d'Églantine a été arrêté cette nuit et conduit à la prison du Luxembourg. Amar, du Comité de sûreté générale, l'accuse de faux en écriture et de concussion, pour avoir rédigé un faux dans le décret de liquidation de la Compagnie des Indes.

15 janvier

Liés aux Girondins, Ducournau, Hollier, Teillard ont été convaincus d'avoir participé activement à la rébellion de Bordeaux et pris le parti des fédéralistes contre celui du peuple.

La rumeur a pris dans ces temps de violence. On m'a parlé à trois reprises, ces derniers jours, du retour des Assommeurs, qui dépouillent les passants après leur avoir cassé la tête. Du reste, ce n'est pas la première fois que revient le souvenir de la compagnie de brigands formée par Raffiat et Roussel pour voler et assassiner dans Paris. Après avoir été rompus vifs à la fin de l'année 1742, la bande des Assommeurs était réapparue dix ans plus tard. Ils rôdaient à trois ou quatre, cachant sous leur redingote un gros bâton, fendu à l'extrémité pour y fixer, avec du fil de fer, une pierre tranchante. De là, un grand coup sur la tête, et plusieurs cadavres retrouvés par le guet, au faubourg Saint-Germain ou dans les rues voisines de la Vieille-Bouclerie.

J'étais jeune alors, sous les ordres de Dubuisson, commissaire au Châtelet. J'accompagnais Bertrand, la nuit, en surveillance, l'un des plus habiles que j'ai connus. Cela n'a pas manqué. Nous voilà, après un mois d'errance, à suivre avec mille précautions deux de ces assommeurs, qui, après mille détours, nous ont menés jusqu'à la porte d'un hôtel du Marais. «Je me disais bien avoir reconnu l'un d'eux», a fait Bertrand en me clignant de l'œil. La surveillance s'est maintenue. Tout s'est confirmé. L'un des chefs était l'un des plus grands noms de France. On nous a imposé silence. On a étouffé l'affaire. Le scandale eût éclaboussé tous les *princes de sang*.

16 janvier

Sur l'initiative de Frère la fusillade, passé de Toulon à Marseille où il continue de faire exécuter deux cents suspects par jour, un décret de la Convention a rebaptisé Marseille en Ville-sans-Nom.

Voilà une sanction merveilleuse. C'est dire et ne pas dire. Laisser vivre et laisser mourir. De sorte qu'exsangue d'identité, la ville passe fantôme.

Au tribunal, sur les dix-huit prévenus accusés d'avoir comploté pour *arracher la pauvre reine à ces scélérats de Jacobins*, la citoyenne Fournier, le citoyen Basset, le citoyen Lemille et sa femme ont été condamnés à la peine de mort.

L'ont été également Duplessis-Grenedan, ci-devant capitaine de *La Côte d'Or* (rebaptisé depuis *La Montagne*), Verneuil, sous-chef d'administration sur le même bateau, et Coëtnempren, capitaine du *Jean-Bart*, pour avoir favorisé la contre-révolution dans l'escadre de Brest après la rébellion de Toulon.

Malgré l'état d'ivresse qui l'a porté à dire que les Vendéens étaient des Français et qu'il ne tirerait pas sur ses frères, Jacques-Louis Bonneuil, sergent dans une compagnie de réquisition de la Halle-aux-Blés, a été convaincu d'avoir tenu ces propos sciemment, jouissant de sa raison, avec une intention criminelle.

17 janvier

Jean Vissec, ci-devant baron, a été condamné pour propos et activités contre-révolutionnaires.

Je ne sais pas si j'ai noté ces progrès : je continue de déposer chaque soir un bol de lait et j'appelle. Il ne faut pas longtemps pour qu'Éfi monte l'escalier jusqu'à ma porte, où, tout en mangeant, le temps de laper son lait, elle se laisse caresser.

À la moindre tentative pour la faire entrer, je ne la vois plus pendant plusieurs jours.

19 janvier

Le vieux conspirateur indépendantiste Paoli a appelé les troupes anglaises à débarquer en Corse.

En Vendée, Turreau, qui a partagé ses divisions en colonnes pour traquer les rebelles, instruit ses généraux que « tous les brigands qui seront trouvés les armes à la main, ou convaincus de les avoir prises pour se révolter contre leur patrie, seront passés au fil de la baïonnette. On en agira de même avec les filles, femmes et enfants qui seront dans ce cas. Les personnes seulement suspectes ne seront pas plus épargnées ».

Il ajoute à l'égard des biens que « tous les villages, métairies, bois, genêts et généralement tout ce qui peut être brûlé sera livré aux flammes, après que l'on aura distrait des lieux qui en seront susceptibles toutes les denrées qui y existeront ».

20 janvier, 1er pluviôse

Convaincu d'avoir dit qu'il se foutait de toute l'Assemblée, – que les membres de la Convention étaient des cochons, – le District, du lait battu, – le Département, de la crème fouettée, le fermier Jean-Claude Thiebault a été condamné à mort.

21 janvier

La place de la Révolution a fêté l'anniversaire de l'exécution de Capet, guillotiné il y a un an.

Marchand de draps rue Saint-Denis, Étienne Quatremère a été condamné pour fournitures infidèles ou, plus précisément, pour avoir mal évalué leur prix. Lieutenant sur *Le Commerce de Marseille*, Fichet l'a été également, ainsi que Lécluse, enseigne sur le même vaisseau, Jacquelin et Blanchard, canonniers sur *L'Orient*, Vauson et Gardinet, canonniers sur *Le Mulet*. Tous les six convaincus de complicité dans la livraison de Toulon aux Anglais.

22 janvier

Chirurgien de Tarascon, suppléant à la Convention, Marc-Antoine Bernard a été convaincu d'avoir participé aux manifestations de soutien aux Girondins après la journée du 2 juin.

Instituteur, Thomas-Louis Lefebvre a été reconnu coupable de faux témoignages dans l'intention de perdre la veuve Maréchal, sa collègue.

23 janvier

On jugeait au tribunal criminel une affaire de vol avec effraction, rue Vieille-du-Temple, ici même, à deux pas.

En plein après-midi, Berson, Lucas et Cousin s'introduisent à l'aide d'une fausse clef dans l'appartement de la veuve Tizon, qui se trouve alors au rez-de-chaussée, chez sa voisine. La veuve entend du bruit, monte l'escalier, croise deux individus qui la repoussent à pleines mains. Elle crie au voleur. La Garde accourt. Les deux particuliers sont arrêtés l'un après l'autre. On se saisit du troisième larron qui s'était enfermé dans des commodités. Rentrée chez elle, la citoyenne constate que deux montres suspendues à la cheminée ont disparu, ainsi que plusieurs objets dans son armoire, dont la serrure est brisée.

Berson, Lucas et Cousin nient les faits en auteurs de mauvais romans.

Berson déclare qu'un besoin urgent l'a forcé à entrer dans la maison, qu'il est fâcheux qu'on ait choisi ce moment pour y voler ; qu'il n'a point de part à ce délit ; qu'il ne connaît pas les deux autres prévenus. On a trouvé sur lui un gobelet d'argent, un bracelet et un chasse-pointe. Tout cela lui appartient. Il a trouvé le gobelet rue du Mouton, près de la Grève ; le bracelet, une rue plus loin ; le chasse-pointe est de sa profession, il sert à ferrer les croisées. Lucas ne revient pas de sa surprise. Il arrive de Neuilly. Il traverse Paris. Les cabrioles d'un singe l'arrêtent au coin de la rue Vieille-du-Temple. La Garde nationale passe. « N'entends-tu pas crier au voleur ? Allons, marche. » Il avance. Il voit fouiller un particulier avec qui il n'a jamais eu de rapport. On le fouille lui-même. Il a sur lui une montre qui lui vient de son père. Il n'est coupable de rien. Quant à Cousin, la cause de son arrestation est pour lui un mystère. Berson et Lucas lui sont inconnus. Fatale colique ! Des douleurs aiguës l'ont contraint à chercher des commodités. C'est là qu'on lui a mis la main sur le collet. Tous ceux qui le connaissent attesteront qu'il est incapable de commettre un vol.

Tous les trois ont été condamnés à vingt-deux ans de fers.

24 janvier

Ancien avocat auprès de l'amirauté de Toulon, commissaire du pouvoir exécutif au tribunal du district, Victor-Melchior Toulon, dit Rimbaud, a été convaincu hier d'avoir participé à la révolte de la ville.

Nicolas Rouard-Besnard, fripier-tapissier, a été condamné aujourd'hui. Se trouvant dans un café, il avait jeté un paquet de cordes sur la table en disant hautement :

– Voilà de quoi pendre les clubistes.

Il avait récidivé quelques mois plus tard :

– Il faut à Noël conduire les clubistes au cimetière.

Ci-devant comte, ex-colonel d'un régiment de dragons, Laurent Migot a été convaincu de conspiration et d'intelligence avec l'ennemi.

25 janvier

Accusé d'avoir rétracté son serment constitutionnel et prononcé en chaire une proclamation de l'armée catholique de Vendée, Sébastien Mondot, prêtre du district de Saumur, a été condamné, de même que François Quantin, homme de loi, suspect d'attachement aux Vendéens lors de leur entrée dans la ville.

26 janvier

Nouvelle saignée, émétiques et pots de thé.

Je me sens tout décrépit. Enveloppe vide. Mécanique disjointe et, comme Marseille ou Toulon anéanties de représailles, *un être-sans-nom*.

Chêneville me rapporte que Jean-Baptiste Moheau, commissaire des guerres attaché au dépôt de Fontainebleau, et Pierre Durand, sous-chef du bureau militaire du district de Melun, ont été convaincus de livraisons de fournitures infidèles. D'abord convoqué comme témoin, Moheau a été reconnu aussi coupable que Durand.

27 janvier

Louis-Jean Josset-Saint-Laurent, négociant, demeurant à Paris rue Saint-Pierre, au Pont-aux-Choux, a été convaincu d'être un agent actif de Condé, dont il recèle chez lui des objets de valeur, meubles, tableaux, livres, porcelaines.

Ci-devant noble, ex-général de brigade de l'armée des Alpes, né à Ajaccio, Camille Rossi a été condamné comme général perfide, convaincu de retraite précipitée après avoir battu les Autrichiens, sans avoir détruit tous leurs magasins.

– N'avez-vous pas manifesté de la pusillanimité ou tout au moins de l'insouciance en vous éloignant des postes périlleux, en abandonnant votre camp, en y laissant les troupes livrées à elles-mêmes ?

– La retraite n'a été ni aussi précipitée ni aussi funeste qu'on le dit. Je n'ai jamais abandonné mes troupes. Pour le reste, cinquante-deux ans de service, huit campagnes, deux batailles et neuf sièges me mettent à l'abri de l'imputation de pusillanimité.

28 janvier

Ci-devant maréchal de camp sous l'ancien roi, Louis-Henri-François Marcé n'avait pas émigré « par souci du bien public ». Nommé général de la 12e division de l'armée de l'Ouest chargée de réduire l'insurrection de Vendée, vainqueur à Chantonnay, défait à Saint-Fulgent, il a été condamné pour manœuvres tendant à favoriser les progrès des révoltés dans ce département.

29 janvier

J'ai croisé tout à l'heure Lacombe sous l'arcade du théâtre de la République, rue de la Loi. Veste rouge à grandes raies, gilet jaune, culotte noire, le collègue porte beau. C'est qu'il fête une saisie considérable de miniatures et d'estampes obscènes (dont je le soupçonne de revendre une partie), après l'arrestation du graveur, Louis-Marie Delmont.

– Le vieux Delmont n'a rien fait d'autre de toute sa vie que de graver les figures les plus infâmes. Il y a gagné du bien, et bien des misères, ayant été emprisonné plusieurs fois. Sans que ces punitions l'aient corrigé.

– Voilà ce qui s'appelle un sujet endurci dans le crime...

– Il avait fermé les verrous, j'avais avec moi un serrurier qui a pratiqué l'ouverture. Outre les estampes et les ivoires, nous avons saisi chez lui quantité de brochures remplies des gravures les plus crapuleuses, *L'Éducation de Laure*, *La Rocambole de la fouterie*... dans ce goût-là.

– Et le libraire, les colporteurs ?

– Pour le libraire, je soupçonne Fabre, *Aux Neuf Muses*, dans la galerie de Bois du Palais-Égalité, de vendre ces articles philosophiques. Pour les colporteurs, nous avons mis la main sur un maître de guitare qui, n'ayant plus d'élèves depuis la Révolution, s'est jeté dans les livres interdits. Il nous chantera sa chanson.

Il est heureux pour Lacombe que la Convention ait rétabli la censure, visant d'abord les ouvrages royalistes, mais sans négliger ceux qui incitent à la débauche, car *le poison de l'estampe* est aristocratique, et « celui qui cherche à dégrader et à corrompre les bonnes mœurs n'est pas éloigné de la contre-révolution ».

Pas plus tard qu'hier on a mis aux arrêts trois soldats chargés de la garde du Palais-Égalité pour avoir bu en compagnie de vendeurs de godemichés et « autres choses obscènes, dont le nom seul inspire le plus vil mépris » (comme dit le procès verbal).

30 janvier

Fumées. Il me semble avoir crevé cette nuit la cloison du rêve. Est-ce la rencontre de Lacombe ? L'évocation de ces estampes obscènes ?... J'étais passé du côté de l'image. Je n'étais qu'un recueil de nudités violentes, un portefeuille de gravures échappées, où des figures tordues, nouées, enlacées, se détachant sur des draps de satin noir, formaient des postures lascives qui s'enchaînaient l'une après l'autre, dans une brassée de priapes sculptés de veines bleues et de seins cliquetant comme des breloques, les torses et les cuisses élargis aux mains qui s'y agrippent, tout cela tombé au gouffre de l'opium.

Un diablotin pinçait de la guitare au frontispice de la nuit, dont je me suis arraché, amer, avec un goût de cendres.

31 janvier

Quinze habitants de Coulommiers sont accusés de complot fédéraliste tendant à faire du département de Seine-et-Marne une nouvelle Vendée.

Voici le fait. Deux officiers municipaux enlèvent des vitraux de l'église de Coulommiers tout ce qui rappelle la royauté. La population féminine s'émeut, crie à la destruction de la religion et chasse les profanateurs. On célèbre une messe avec exhibition de fleurs blanches. On ameute devant la maison du maire, qui n'est autre que Dix-Août, l'un des premiers jurés du Tribunal, ci-devant marquis devenu jacobin après avoir abandonné son nom de Leroy.

Huit des accusés de Coulommiers ont été condamnés à la peine de mort. Aux émeutiers avait été ajouté Ogier Baulny, « une espèce de noble, père dénaturé qui a lui-même émigré son fils âgé de quatorze ans ». Il fait partie des condamnés.

Notaire à Autun, Lambert a été convaincu de propos et d'écrits anticiviques mettant en cause « les intrigants de la commune et du Comité de salut public ».

1er février, vieux style

Ci-devant noble, Jacques Babin, né à Lignac, domicilié à Angoulême, a été convaincu de mauvais propos contre le recrutement au moment où se constituait la Garde nationale de Lignac.

On est toujours sans nouvelles de la nommée Mimi Delineux, native de Dunkerque, âgée de vingt-deux ans, cheveux et sourcils châtains, yeux bleus, bouche moyenne, figure pâle, marquée de petite vérole, qui a enlevé une fille de sept ans à Labarre-les-Lille. Sourde et muette, Cécile Quille a les cheveux blonds ; elle est habillée d'un fourreau d'indienne à fond rouge, sur une camisole rayée de blanc, bleu et rouge. Son père, marchand de bois, a répandu sa disparition dans les journaux le mois dernier. Cloüet a cru les apercevoir il y a trois jours. Nous nous sommes mis en chasse. Sans succès. C'est dans Paris, dans ce gouffre sans fond de la capitale, que la plupart des fugitifs viennent chercher refuge.

2 février

Au club des Cordeliers présidé par Momoro, la Déclaration des droits de l'homme a été couverte d'un crêpe noir en signe d'hostilité à l'égard du Comité de salut public et de la Convention.

Au tribunal, affaire de Troyes. Ont été condamnés pour conspiration à travers divers lettres, écrits, adresses publiques, Gillet, médecin, Millard, procureur et avoué, Parent, ci-devant avocat de

Capet et ancien membre de l'Assemblée constituante, Paillot, ci-devant lieutenant général au bailliage de Troyes.

Charles-Nicolas Duclos-Dufresnoy a été convaincu d'avoir procuré des fonds numéraires à l'abbé Narbonne, bien qu'à la date de la transaction – décembre 1791 – cette opération ait été légitime. Certain de son acquittement, le prévenu avait fait préparer le dîner pour son retour. Ni lui ni ses amis présents au tribunal ne montraient aucune appréhension, jusqu'à ce qu'Antonelle, ci-devant noble passé à la Révolution, auteur du *Catéchisme du Tiers-État*, député à l'Assemblée législative, ancien président du club des Jacobins, à présent juré au tribunal, jusqu'à ce qu'Antonelle se lève, déclame contre l'aristocratie et les visées contre-révolutionnaires de l'accusé, sous les applaudissements d'une centaine de sans-culottes réunis pour la claque.

Il y avait anguille sous roche. J'ai su le mot dans les coulisses du tribunal.

Duclos-Dufresnoy, notaire rue Vivienne – qui avait fait prêter à Capet six millions par la compagnie des notaires, publié un *Jugement impartial sur les questions qui intéressent le Tiers-État*, répandu plusieurs brochures sur la Caisse d'escompte ou la Dette publique, harangué la foule à la Révolution –, a été dénoncé par Héron.

Je connais Héron. Aussi mauvais cœur qu'Antonelle est cerveau brûlé.

Ancien ami de Marat, en querelle avec le monde, plein de haine et de ressentiment depuis que le ci-devant ministre de la Marine n'a pas fait droit à ses demandes d'indemnité au milieu des années 1780, Héron est persuadé d'être l'objet de toutes les persécutions. Agent du Comité de sûreté général, soutenu par Vadier, il se flatte de dénoncer les financiers, les ministres, les puissants. Sans négliger des trophées plus modestes. Persécuté persécutant ses proches, je l'ai vu dénoncer ses voisins.

Voici l'homme.

Excessivement riche, populaire, aimé dans son quartier, Duclos-Dufresnoy a excité sa haine. Antonelle a suivi.

3 février

Ci-devant noble, ancien conseiller du roi, trouvé en possession d'écrits antirévolutionnaires et fanatiques parmi lesquels une *Protestation des princes de la maison de Bourbon contre l'acceptation de la Constitution*, des extraits de *L'Ami du roi*, des ouvrages religieux, un mot de sa main plaignant Durosoi, le rédacteur de *La Gazette de Paris*, « trop fidèle au roi et à la patrie pour échapper à la mort cruelle qu'il a soufferte », Claude Jacques Ogier a été condamné.

4 février

Courtonnel, aubergiste, étapier-fournisseur, a été condamné pour infidélité dans la fourniture de fourrage aux chevaux de la République.

Ancien sous-chef de la régie nationale, commandant du bataillon de la section Poissonnière, Nicolas Montjourdain a été convaincu d'avoir favorisé la fuite de Capet à Varennes et défendu le ci-devant roi, jusqu'à conduire son bataillon aux Tuileries le 10 août pour lui apporter de l'aide et non pour défendre le peuple.

Dans sa cellule de la Conciergerie, Montjourdain a composé la romance de ses adieux, sur l'air du vaudeville de *La Soirée orageuse* :

Je vais vous quitter pour jamais.
Adieu plaisirs, joyeuse vie,
Propos libertins et vins frais
Qu'avec quelque peine j'oublie !
Mais j'ai mon passeport : demain
Je prends la voiture publique,
Et vais porter mon front serein
Sous la faux de la République.

Mes tristes et chers compagnons,
Ne pleurez point mon infortune :

C'est dans le siècle où nous vivons
Une misère trop commune.
Dans vos gaîtés, dans vos ébats,
Buvant, criant, faisant tempête,
Mes amis, ne m'avez-vous pas
Fait quelquefois perdre la tête !

La Convention a déclaré l'abolition de l'esclavage. « En conséquence, elle décrète que tous les habitants des colonies françaises, quelle que soit leur couleur, sont citoyens français, et qu'à compter de ce jour ils jouiront de tous les droits qui leur sont assurés par la Déclaration des droits et la Constitution. »

Jamais, depuis plus de quarante ans que je le connais, depuis plus de quarante ans que l'amitié nous lie, jamais je n'ai vu Bruiant aussi heureux qu'à l'annonce de cette nouvelle.

5 février

Veuve du ci-devant marquis de Paysac, retirée à Marly, Marie-Gabrielle Chapt-Rastignac a été convaincue de correspondance avec les émigrés, ayant reçu des lettres de son fils, parti à Maëstricht, de son amie Choiseul-Rohault, qui plaignait le ci-devant roi, d'un nommé Goudot, qui protestait contre les assignats et se disait chevalier du poignard.

On jugeait aussi la ci-devant marquise de Marbeuf, prise dans les filets, m'a-t-il paru, d'un complot intrigué par son régisseur Rolepeau.

Veillant à « surveiller les traîtres, surtout les accapareurs et les scélérats qui dénaturent les terres, ainsi que les monstres qu'ils emploient », celui-ci l'a dénoncée, ainsi que Payen, son voisin de campagne, pour recel de proscrits – mais les troupes de Neuilly-sur-Marne envoyées sur les lieux n'ont trouvé personne ; pour accaparement de provisions – mais aucun vivre caché n'a été découvert ; pour champs labourables mis en luzerne – mais la jachère n'est-elle pas nécessaire ?

– Avez-vous dit à votre régisseur qu'il y avait quatre-vingt mille Prussiens et Autrichiens qui arrivaient sur Paris et que, dans le cas où ils arriveraient, qu'il eût à les bien recevoir, à leur donner le meilleur vin de sa cave et les traiter en volailles ?

– Je n'ai pas tenu ces propos.

– Avez-vous fait des accaparements de denrées prohibées par la loi, telles que bois, laine, charbon, etc. ?

– Aucun.

La ci-devant marquise a été convaincue d'intelligences liberticides avec les ennemis de la Nation, Payen de complicité.

Au nom du Comité de salut public, Robespierre a rappelé les principes qui doivent guider la

Convention : « La vertu, sans laquelle la terreur est funeste ; la terreur, sans laquelle la vertu est impuissante. »

– C'est ainsi, Jean-Baptiste, que nous renouvelons l'Antique...

– N'étaient-ce pas la Terreur et la Pitié qui constituaient jusqu'ici les ressorts de la tragédie ?

6 février

Belle-mère du duc d'Arenberg, séparée de son mari le ci-devant comte de Lauraguais, Élisabeth-Pauline Gand a été convaincue d'envoi de secours aux émigrés. On a également trouvé chez elle de l'argenterie cachée. Son domestique Pierre, considéré comme son agent, et un curé Petit qui lui était attaché, ont été condamnés avec elle.

Ancien valet de chambre d'Élisabeth Capet, la sœur du ci-devant roi, Nicolas Pasquin, qui tient une maison garnie rue Coq-Héron, a été convaincu d'avoir participé à la défense des Tuileries dans la journée du 10 août. Soupçonné d'avoir tiré sur la foule depuis les croisées du château, il a été déclaré coupable de complicité dans la conspiration à faire assassiner le peuple.

Au moment de motiver son jugement, le juré Antonelle s'est substitué à Fouquier-Tinville dans une longue déclaration qui a fait revivre *cette nuit éternellement mémorable du 9 au 10 août*, cherchant à convaincre le tribunal qu'en toute logique Pasquin devrait être déjà mort.

– Certes, si dans le moment où le torrent populaire avait forcé toutes les résistances, pénétré toutes les issues, l'accusé n'eût pas fui, il aurait été immolé et justement immolé. Si au moment où il s'élançait sur la terrasse on l'eût saisi, il aurait été immolé et justement immolé. Si dans sa fuite, un soldat de la liberté l'eût atteint, ce soldat l'aurait immolé et justement immolé. Enfin si le patriotisme qui le poursuivit et le fit poursuivre pendant quelques jours eût découvert sa retraite, le glaive de la loi eût fait justice de ce criminel échappé.

« Eh bien ! le voilà devant nous aujourd'hui, le voilà retrouvé et convaincu. Le jury révolutionnaire voudrait-il donc lui tendre la main ? Ce tribunal spécialement chargé des vengeances du peuple serait-il transformé par nous en lieu d'asile pour l'ennemi du peuple, pour ce valet dévoué de ses assassins ?

Après tant de siècles de silence politique, de bouches muselées par la censure, de langues tranchées par le bourreau, je comprends l'impatience et l'ampleur de cette prise de parole qui nous entraîne au-delà de nous-mêmes depuis les premiers jours de la Révolution, quand le bègue Desmoulins retrouvait toute sa langue pour haranguer la foule et l'emmener à l'assaut de la Bastille. L'extase de parler nous a saisis. Tant de déclarations héroïques ont, depuis, renversé l'Histoire et armé la République contre ses ennemis.

L'éloquence d'Antonelle est la petite monnaie de ce vertige.

Éloquence folle de tête folle.

7 février

Convaincus d'émigration ou de correspondance avec des émigrés, le ci-devant comte Baillard-Troussebois, ancien colonel du régiment de Savoie-Carignan, son frère Baillard-Cherville, ancien chef d'escadron, et leur sœur Baillard-Descombeaux ont été condamnés à la peine de mort. Séparée de son mari, la femme de Baillard-Troussebois et la mère de celle-ci ont été acquittées.

Curé constitutionnel de la paroisse de Champvaur dans le Jura, Claude-François Courtot cherchait à persuader ses paroissiens que, malgré la loi du divorce, « celui qui romprait son mariage et épouserait une autre personne pendant la vie de la première renoncerait à l'Évangile ».

Son fanatisme lui vaut la peine de mort.

Ancien notaire, administrateur, Rouhier a été convaincu de malversations dans des comptes consacrés à l'habillement.

8 février

Carrier a été rappelé à Paris.

Toujours entre deux vins, entre deux femmes, la tête allumée de massacres, emporté dans la vision héroïque de sa mission, en grande pompe de messager de la Mort, sanglé, cravaté, ceinturé de soie, campant sa silhouette hallucinée sur les bords de la Loire, passant des scènes de comédie qui lui faisaient battre l'exécuteur à coups de plats de sabre – plus vite, faquin ! la feras-tu aller plus vite, ta guillotine ! – aux orgies furieuses qui promettaient la vie sauve aux marquises, à condition, mes belles, d'être tout à fait soumises, passé maître en trappes et fonds percés de barques, sapines, gabares, galiotes, la flottille phosphorescente de ses crimes, auxquels il avait ajouté ses *mariages républicains* qui jetaient dans le fleuve des couples d'hommes et de femmes attachés l'un à l'autre, Carrier peut se vanter d'avoir définitivement terrorisé près de cinq mille Vendéens.

Comment concevoir que c'est de sang-froid, comme s'il s'agissait d'un exercice pratique de la raison, que les représentants en mission s'ingénient à mettre en œuvre des exécutions de masse ?

9 février

Huit religieuses, sept carmélites et une visitandine, qui avaient quitté leur couvent de la rue de

Grenelle et trouvé refuge chez l'une d'elles, rue Neuve-Sainte-Geneviève, où des prêtres venaient endurcir leur fanatisme, ont échappé à la guillotine et seront déportées.

Tribuns en guerre. Guerre des discours. Jaloux des interventions d'Antonelle qui développe longuement ses motivations devant le tribunal, Fouquier-Tinville s'en est plaint au Comité de salut public. Robespierre vient de rendre un arrêté interdisant aux jurés de se transformer en orateurs, car « cette manière nouvelle d'influencer les opinions, incompatible avec la célérité et la pureté des jugements, conduit à substituer insensiblement le pouvoir de la parole ou de l'intrigue à celui de la raison ».

Oui, c'est bien du pouvoir de la parole qu'il s'agit, de sa circulation, de ses audaces, de son emprise sur le monde qu'elle mord et transforme, mais aussi de la jouissance qui lui est attachée. Jouissance de la parole publique, politique, souveraine. Jouissance personnelle des discours qui s'enflent de vanité jusqu'à battre dans le vide, comme on voit sur le Pont-Neuf gesticuler les marionnettes de Bienfait.

10 février

Anne-Henriette Boucherain a été convaincue de secours et de correspondance avec des émigrés, en particulier avec un nommé Brachet, ci-devant officier des Gardes du corps, combattant la République ; François-Aimable Chapuis, ci-devant procureur et lieutenant-colonel à l'armée du Nord, l'a été de complicité avec Dumouriez.

Emprisonné, sur le point de passer en jugement, Jacques Roux, l'Enragé, le Boutefeu de la guenille, s'est poignardé dans sa cellule.

11 février

Pour avoir critiqué les journaux dans un lieu public et s'être emporté contre la République dans la prison où il était retenu, Millin-Labrosse a été convaincu de propos antirévolutionnaires tenus avec une intention criminelle.

12 février

Les Cordeliers poursuivent leur offensive contre les Jacobins.

Momoro et Hébert s'en sont pris aux « hommes usés en République », aux « jambes cassées en révolution », à tous ceux qui, avides de pouvoir, doivent rester sous la surveillance du peuple.

13 février

Hier, Gueau-Deversaux, ci-devant noble, suspecté d'hostilité à l'égard de la République, a été condamné pour propos antipatriotiques.

Chaudot, notaire, Briscard, autre notaire, Métivier, son clerc, Debaune, directeur des charrois, Viette, négociant, ont été convaincus d'opérations financières au bénéfice des trois fils du soi-disant roi d'Angleterre.

On a trouvé chez Chaudot une lettre du 24 décembre 1792 – était-ce bien le jour de se lamenter ! – dans laquelle le curé Aubert désespérait « d'une horde d'impies, d'un gouvernement arbitraire, le rebut de la nation qui, en s'arrogeant illégalement tous les pouvoirs, minerait tout, détruirait tout, renverserait tout ». Aubert a rejoint le groupe des condamnés.

14 février

Trouvés en possession de chansons portant atteinte à l'autorité de l'Assemblée, Dorse, ci-devant procureur à la cour des comptes de Dijon, et son fils, greffier à la même cour, ont été convaincus de préparer l'envoi de secours aux émigrés ; Jacques Henri Wiendenfel, banquier, de leur avoir fait passer de l'or caché dans des pots de pommade.

15 février

Ci-devant noble, négociant en vin, arrêté en état d'ivresse au Palais-Égalité pour avoir crié « Vive Bourbon ! Vive Monsieur ! », Gabriel Planchut La Chassaigne a été confronté à des témoins qui l'ont entendu tenir chez le restaurateur Chatel et au café de Foy des propos d'une extravagance, d'un incivisme inouï.

Du reste, tellement ivre qu'on lui refusait le punch qu'il réclamait.

De là, Fouquier s'est élancé :

– La conduite de l'accusé et sa manière d'exister donnent lieu de présumer que les cris séditieux et de contre-révolution qu'il a fait entendre au café de Foy tiennent à des relations avec la horde des conspirateurs contre la République française.

16 février

Fumées. Les délices me fuient. Je ne connais plus qu'un sommeil de brute.

Je rêvais pourtant, cette nuit, d'un amant qui broyait des framboises dans le sexe de sa maîtresse, avant de les étaler sur son ventre, où sa langue venait grassement les cueillir. Et le rouge des framboises, non pas un rouge sombre, un rouge sang, mais un rouge de vie, puissant et radieux, s'étendait aux deux corps étendus, couvrait toute la chambre, peignait la nuit elle-même d'une saveur gourmande, confite dans les grains de ce rouge merveilleux.

17 février

Hier, sur la dénonciation de Laffont, commissaire aux armées, Desherbiers-Létanduère, général commandant la division d'Antrevaux à l'armée des Alpes, appartenant à une illustre famille militaire, a été condamné pour manœuvres contre-révolutionnaires.

C'est en décembre que le Comité de salut public a décrété l'extraction révolutionnaire du salpêtre. On l'a récolté ce matin dans les caves de notre rue Vieille-du-Temple en grattant les pierres et les briques. La plupart des habitants ont été étonnés de l'intérêt militaire attaché à cette moisissure, sur laquelle court une chanson sur l'air d'*Ils étaient maîtres de choisir* :

C'est dans le sol de nos caveaux
Que gît l'esprit de nos ancêtres ;
Ils enterraient sous leurs tonneaux
Le noir chagrin d'avoir des maîtres ;
Cachant sous l'air de la gaîté
Leur amour pour la liberté,
Ce sentiment n'osait paraître ;
Mais dans le sol il est resté,
Et cet esprit, c'est du salpêtre.

18 février

On a fêté au temple de la Raison le décret abolissant l'esclavage. Grande cérémonie où la Convention, les sections, les comités, les clubs ont envoyé leurs délégués, avec déploiement de drapeaux et roulements de tambours, discours et chants soutenus par les musiciens de l'Opéra.

D'une musique à l'autre, mademoiselle Adeline, qui va et vient entre Paris et la province, nous a accompagnés à la première représentation d'*Horatius Coclès*, l'opéra d'Arnault et Méhul. Jusqu'ici, Horatius le Borgne a surtout inspiré des parodies. Cette fois l'ouvrage est sérieux. L'héroïsme des Romains devant les Étrusques vaut pour celui de nos armées face à l'ennemi. Pas de grands rôles féminins, mais, se targue Méhul, « une musique de fer ».

Musique de couleur forte, d'un goût sévère, selon Bruiant, qui nous a saoulés en chantant l'ouverture au long de la soirée.

19 février, 1er ventôse

Animal triste post coïtum. Il y aurait beaucoup à dire – à redire – sur la prétendue sagesse des Anciens. Du temps que je faisais effectivement l'amour, je n'ai jamais éprouvé de tristesse, mais au contraire une joie, un éblouissement au sortir du plaisir, qui relançait en moi l'ardeur de vivre.

Émotion lumineuse. Il y a là deux miracles. Celui que fit Dieu : que cesse la jouissance pour permettre aux humains d'aller à d'autres affaires, comme le dit Voltaire. Celui de la vaillance que la jouissance recrée dans leur cœur.

20 février

Accusé de s'être mis au service des ci-devant princes, sous les ordres de Condé, suspecté d'être un agent de Pitt, François Gossenay a été condamné hier à la peine de mort.

Ancien trésorier du district, demeurant rue Sainte-Croix-de-la-Bretonnerie, notaire de nombreux ci-devant nobles, René-François Fourcault Pavant a été convaincu de correspondance avec eux, correspondance dans laquelle, au mépris de la loi, il usait de ces anciennes appellations qui révoltent la République, comme *monsieur le Marquis*.

Héron y a-t-il mis la main ? A-t-il dénoncé Fourcault ?

Choiseau, fournisseur de chevaux d'artillerie, Prissette, chef de division des équipages, Luuytz, ancien commissaire des guerres, ont été condamnés pour détournement dans les fournitures aux chevaux.

21 février

Convaincus de rapports avec les émigrés, chacun à sa manière, Claude Mortet, ancien contrôleur des équipages de Condé, Gilles Tiphaine et ses deux fils, Jean-Baptiste et Louis-Germain, ont été condamnés à mort.

22 février

Je ne suis pas allé au tribunal aujourd'hui, mais au club des Cordeliers où Hébert fulmine à la fois contre les Indulgents de Danton et les Endormeurs de Robespierre.

Les Cordeliers tiennent les postes, Vincent au ministère de la Guerre, Ronsin aux armées, Pache à la Commune. Est-ce là ce qui explique tant de provocations, l'appel aux armes, au branle du tocsin ?

Il y a les idées bien sûr, car aucun siècle n'en a fait autant circuler que celui-ci. Il y a l'impatience d'agir, car jamais l'Histoire n'a autant permis l'action aux hommes politiques. C'est au point qu'ils sont *sommés* d'agir, engagés, entraînés dans l'urgence de l'action, dans cet élan de la Révolution que rien n'arrête, qu'il faut relancer à chaque instant, auquel il faut chaque jour donner corps.

La prêtraille menaçait le monde de « rouler à l'abîme ».

Qui sait vers quoi nous « roulons » aujourd'hui ?

23 février

On a condamné Canel, un perruquier qui a cru bon de crier « Vive le roi ! » en état d'ivrognerie, et Dortoman, un général de brigade convaincu de mauvaises manœuvres face à l'ennemi.

Dénoncés pour prévarications, Maillet, président du tribunal criminel de la Ville-sans-Nom, et Giraud, accusateur public au même tribunal – ce sont eux qui avaient procédé à l'interrogatoire de Philippe-Égalité, ci-devant d'Orléans, lorsqu'il était enfermé au fort de Notre-Dame-de-la-Garde –, ont été acquittés.

24 février

Étienne-Thomas Maussion, intendant de Normandie aux premiers jours de la Révolution, a été convaincu d'avoir affamé le peuple et sacrifié deux citoyens à la contre-révolution, Bordier et Jourdain, condamnés au gibet pour avoir pris part à une émeute à laquelle les avait poussés la faim.

25 février

Dufourny, qui s'est élevé à la barre de la Convention contre le monarchisme d'expression des mots *régie* et *régisseur*, a obtenu qu'ils soient bannis. La Convention a décrété qu'agence et agent ou administration et administrateur leur seront substitués. La *Régie des poudres* s'appelle désormais *Agence nationale des poudres et des salpêtres*.

Au tribunal, un prêtre, qui avait refusé de prêter serment, et un aspirant capucin, coupable d'avoir émigré, pris les armes contre la République et souhaité le sacre du ci-devant dauphin, ont été condamnés, ainsi que les deux sœurs institutrices, maîtresses de pension à Orléans, chez qui ils se cachaient. De même, un ci-devant noble a été convaincu de correspondance et de conspiration au-dehors. Surtout, douze habitants de Sarrelibre, accusés de secours aux émigrés, ont été condamnés pour intelligence avec l'ennemi.

Leur exécution a eu lieu tout à l'heure. Chêneville, qui est venu me retrouver ensuite, gardait dans l'œil la tête blême d'un vieillard dont les dents secouées par la peur se remuaient encore après le couperet.

26 février

Au nom du Comité de salut public, Barère, Saint-Just, Carnot et Collot d'Herbois autorisent le Tribunal révolutionnaire à occuper, en sus des deux salles qui lui sont réservées, celle du tribunal criminel lorsqu'elle est vacante.

Mon concierge de la rue Vieille-du-Temple a sur le cou une grosseur inquiétante.

27 février

Entrepreneur de convois et de substances militaires, Claude Moreau a été condamné pour avoir acheté de mauvais chevaux qu'il revendait fort cher aux armées ; Pierre-Élisée Ferrand, chef de brigade à l'armée du Rhin, pour s'être montré réticent à l'égard de la Révolution, selon le témoignage de son sergent-major ; Emmanuel-Nicolas-François La Ruelle, capitaine dans la même armée, pour avoir cherché à ébranler la fidélité des soldats envers la Nation, en vue de rétablir la royauté.

Nouvelle audience, autre condamnation : Pierre Pernoux, boulanger à Carcagnières dans le Calvados, et sa femme Juliette ont été condamnés pour avoir incité à la guerre civile à travers leurs propos contre la Convention, qu'ils disaient composée de scélérats et coquins.

28 février

Nuit noire. Nuit sans étoiles, chargée d'angoisse. La pluie n'a pas cessé, comme une maille qui serre le cœur.

Un vrai temps de guillotine.

1er mars, vieux style

Noël Deschamps, né à la Guillotière, près de Ville-Affranchie, demeurant à Paris rue Gît-le-Cœur, habitué du café Conti, a été convaincu d'y avoir tenu des propos favorables aux contre-révolutionnaires de Lyon ; Laurent Veyrenc, de correspondance suivie avec un émigré.

La tumeur au cou de mon concierge ne cesse d'enfler. Emplâtres et onguents sont sans effet.

2 mars

Je suis de nouveau allé aux Cordeliers, où Ronsin appelle à l'insurrection. Attisant le mécontentement des sans-culottes, *Le Père Duchesne* multiplie depuis des semaines les attaques contre les accapareurs – il est vrai que tout manque, la viande, le pain, le beurre, les légumes. On a répandu ce matin des placards anonymes invitant les citoyennes de la Halle à marcher contre la Convention. Les Cordeliers sont-ils à l'origine de ces imprimés incendiaires ?

Au tribunal, parmi les condamnés du jour, sur les vingt-trois accusés de complicité dans une émeute à Rosay (considérée comme une suite de la conspiration de Coulommiers), dix ont été condamnés.

3 mars

Saint-Just a fait voter de nouveaux décrets en vertu desquels les suspects emprisonnés seront expropriés et leurs biens redistribués. La mesure est extrême, elle vise à attacher à Robespierre la passion populaire.

Trouvé en possession d'une bague portant l'inscription *Tout à mon roi*, le capitaine Chamfleury, ci-devant chevalier de Varenne, a été condamné à la guillotine. Jacques-François Froullé, imprimeur-libraire pont Notre-Dame, vis-à-vis le quai de Gêvres, à Paris, et Thomas Levigneur, imprimeur comme lui, ont été convaincus d'avoir imprimé ou vendu l'ouvrage intitulé *Le Procès de Louis-Seize*, *ou Recueil contenant les décrets qui y sont relatifs*, *son interrogatoire à la barre*, *le mémoire justificatif de M. Desèze*, *les appels nominaux qui eurent lieu pour le jugement*, *les noms des membres qui ont voté pour sa mort*, *la déclaration du Roi interjetant Appel à la Nation*, *le discours que M. Desèze prononça à la barre immédiatement après*, *ainsi que les observations de MM. Tronchet et Lamoignon-Malesherbes*, *et les vingt-quatre heures d'angoisse qui ont précédé la mort de ce bon roi.*

Froullé a vainement invoqué la liberté de la presse. Le jugement ordonne que le livre soit brûlé par l'exécuteur au pied de l'échafaud.

4 mars

Carrier ne se lasse pas. C'est lui, cette fois, qui, au club des Cordeliers, où un voile noir recouvre la Déclaration des droits de l'homme en signe de protestation contre la famine, a réclamé « une sainte insurrection ».

La Convention décrète que François Deposse, capitaine suédois passé au service de la France en 1738, incarcéré depuis 1745 en vertu d'un ordre arbitraire (confirmé par une lettre de cachet en 1784), aujourd'hui âgé de quatre-vingts ans, devenu aveugle par suite de sa captivité, jouira d'une pension annuelle de deux mille livres.

Commis à la 2e division de la Guerre, Pacôme Saint-Lambert a été condamné pour s'être plaint à une amie – qui a livré elle-même ses lettres au tribunal – d'avoir juré fidélité à une nation « dont la majeure partie des membres ne se plaît que dans les meurtres et la dévastation ». Ci-devant noble, entraînant avec lui ses deux fils, qui furent longtemps au service de la royauté, et un ancien domestique, Anne-Nicolas Guillemeau Saint-Souplet a été convaincu de secours à son troisième fils au moment où celui-ci rejoignait les frères Capet en exil. Capitaine au 29e régiment d'infanterie, Antoine Merrau-Dufresnoi a été jugé complice de Dumouriez.

5 mars

Marchand à Troyes, âgé de soixante-quatorze ans, perdant apparemment la tête, Louis Robin a été convaincu d'avoir placardé un texte vouant au diable les clubs, qui « font tout le mal », et invitant le peuple à ne jamais abandonner « la loi de Dieu ».

– N'avez-vous pas affiché un placard à la ci-devant église de Saint-Jean, à Troyes, dans le passage du petit cimetière ?

– Je ne m'en souviens pas.

– N'est-ce pas vous qui avez écrit ces mots hostiles à la République ?

– Je ne m'en souviens pas.

– N'avez-vous pas été interrogé à Troyes par le juge de paix ?

– Il me semble que oui.

– Ne lui avez-vous pas avoué être l'auteur du placard incriminé ?

– C'est bien possible. Je ne m'en souviens pas.

6 mars

Nicolas Reverdot, habitant Dijon, a été condamné pour divers écrits, parmi lesquels un brouillon de lettre où il soutenait « la bonne cause pour son roi, et pour nos illustres princes, ainsi que pour toute la noblesse ».

Chancel, O'Moran, Davaine, généraux dans l'armée du Nord, ayant servi sous les ordres de Dumouriez et de Custine, accusés comme l'avait été Houchard de n'avoir pas poursuivi l'offensive contre l'ennemi, ont été convaincus d'avoir favorisé ses progrès sur le territoire national.

Les placards qui invitent à l'insurrection se multiplient. Présentés comme « trompeurs du peuple », les Jacobins dénoncent en retour un complot de l'étranger. Barère, qui vise Danton et les Cordeliers, a obtenu de la Convention un décret chargeant l'accusateur public « d'informer sans délai contre les auteurs et distributeurs de pamphlets manuscrits répandus dans les halles et marchés et qui sont attentatoires à la liberté du peuple ».

La grosseur au cou de mon concierge continue de se développer. Je lui ai conseillé un emplâtre de diachylon.

12 mars

Exténué par la douleur (je n'en dis plus rien dans mes carnets), j'ai pris la diligence pour Compiègne dans une hébétude à pas lents, craintive, misérable, qu'ont réduite peu à peu tisanes et bouillons.

Aucune promenade, cette fois. Du moins, la fenêtre de ma chambre s'ouvrait sur la forêt.

Le souvenir d'Éléonore Rolande m'a ramené à Paris.

13 mars

– De grands événements se préparent, commissaire. Pas d'échappatoire. Chacun devra choisir son camp.

Toujours plus actif, toujours mieux informé (tandis que, depuis des mois, je passe la main), Cloüet a pris le ton de l'homme averti, concentré, menaçant, pour annoncer de prochains bouleversements.

À la barre de la Convention, le Foudroyant a réclamé du Tribunal révolutionnaire qu'il s'abatte rapidement sur les auteurs de « la conjuration ourdie contre le peuple français et sa liberté ». Au-delà des Exagérés menés par Hébert, les amis de Danton sont menacés eux aussi.

En attendant, Cautien-Pierre Verrier, principal fermier de la Saulsotte, a été convaincu de propos contre-révolutionnaires, ayant déclaré que la nation était gouvernée par des gueux, des coquins, des gredins, qu'il ne voulait pas d'autre maître que son roi, que son roi était son dieu, que les princes coalisés mettraient les patriotes à la raison.

14 mars

Les tigres ont bondi. La chose s'est faite cette nuit. Ronsin a manqué l'instant insurrectionnel. Les conspirateurs ont été arrêtés à leur domicile ; Hébert, rue Neuve-de-l'Égalité ; Ronsin, boulevard Montmartre ; Momoro, rue de la Harpe ; Vincent, rue des Citoyennes. Fouquier les a fait enfermer à la Conciergerie. Autant dire sous sa garde. Le procès ne tardera pas. Voilà le renversement annoncé. Il n'est question que de ça dans Paris.

– La foudre a frappé la Montagne, m'a dit poétiquement le jeune Cadet-Gassicourt. Les Titans sont vaincus. Duchesne est déraciné.

Au tribunal, Antoine Davanne, commis à la distribution des vivres de l'armée, a été convaincu d'avoir cherché à ébranler la fidélité envers la Nation de deux soldats grenadiers du 18e régiment.

15 mars

Salle de l'Égalité, Charles Regnault-Bellecise, ci-devant noble, a été condamné pour avoir émigré ; Anselme Beaudevant, ci-devant chapelain de Philippe d'Orléans, pour lui avoir donné asile à son retour en France.

Salle de la Liberté, quinze habitants de Clamecy et des environs, ci-devant nobles, prêtres insermentés, officiers et soldats, domestiques, instituteurs, ont été condamnés solidairement comme auteurs et complices de *la conspiration de Clamecy* contre la liberté, la sûreté et la souveraineté du peuple.

– C'est à l'antique, Jean-Baptiste. Comme au palais d'Auguste ou de Néron. Nous allons de conspiration en conspiration.

– Je conspire, tu conspires, nous conspirons. Voilà un moyen commode de réunir dans la condamnation des gens qui ne se sont jamais vus.

– C'est l'hydre de Lerne, dont les têtes repoussent sans cesse. En voici une, en voici deux, une autre encore. Le pouvoir se définit par sa capacité à les couper.

– Et à les faire renaître.

– Pour trancher de nouveau !

16 mars

Musquinet dit Lapagne, qui avait été enfermé à Bicêtre victime du despotisme, auteur d'un ouvrage intitulé *Bicêtre réformé*, ex-maire d'Ingouville où il a multiplié les exactions, Godail Cieurac, ci-devant marquis, ex-maire de Montauban, Quétineau, lieutenant-colonel, convaincu d'avoir facilité la prise de Bressuire et de Thouars par les Vendéens, ont été condamnés à la guillotine.

17 mars

Salle de la Liberté, la citoyenne Lavechain a été condamnée pour avoir dit que ceux qui gouvernaient la France étaient des brigands et des égorgeurs de rois ; les Barbier père et fils, cultivateurs à Saint-Cyr, pour avoir dit qu'ils aimeraient mieux être chiens que républicains.

Salle de l'Égalité, Saint-Paul, ancien chef des bureaux de la Guerre, chevalier de Saint-Louis, et Delalain, commis aux mêmes bureaux, ont été impliqués dans la protection de Capet, aux Tuileries. Boissat, ancien maire de Bourdeilles, et depuis chirurgien major, a été convaincu d'avoir fait l'éloge du ci-devant roi et critiqué « les porte-tête, dont l'idée seule fait frémir la nature ».

18 mars

Salle de l'Égalité, Marie-Jeanne Jourdain-Bertheaux, femme de charge chez le citoyen Morel, accusée d'avoir répété que Robespierre et Danton étaient « des gueux, des scélérats coupables de crimes de sang », et de s'être exclamée à la mort de Marat que « la France était sauvée », a été condamnée, de même que le prêtre Nicolas Dieudonné, pour propos antipatriotiques et relations indirectes avec des émigrés.

Salle de la Liberté, six prévenus ont été convaincus de correspondance coupable avec l'émigration à des titres divers.

On continue d'arrêter les Hébertistes et d'instruire leur procès.

Il y a trois jours, Robespierre réclamait à la Convention qu'elle anéantisse toutes les factions du même coup. Voilà l'hydre ! Avant-hier, Amar présentait son rapport contre Fabre d'Églantine. Hier, Saint-Just s'en est pris à Hérault-Séchelles, proche de Danton, déjà exclu du Comité de salut public, insupportable au Foudroyant pour sa désinvolture, son charme d'ancien régime qui lui vaut d'être surnommé *Mon Hérault* par bien des Parisiennes. Aujourd'hui, Antonelle (qui vient de publier ses *Déclarations motivées dans les affaires Dhervilly, Biron, Luckner et Feuchère* puisqu'on voulait le faire taire) a été arrêté, ainsi que Chaumette.

Procureur de la Commune, partisan des mesures extrêmes, acharné contre les suspects, grand déchristianisateur, Chaumette se retrouve épouvanté au miroir de la Terreur. Exposé devant le tribunal qu'il fut l'un des premiers à réclamer.

19 mars

Trois militaires, Jouve, ci-devant noble, chef d'escadre au 7e régiment de cavalerie, Valois, carabinier au 4e bataillon des chasseurs francs, Arnould, soldat au 1er bataillon du 18e régiment, ont été condamnés pour propos antipatriotiques.

Proscrit avec les Girondins, Claude-Louis Mazuyer a été arrêté à Courbevoie, livré au tribunal, reconnu par Fouquier, remis à l'exécuteur, décapité.

– Qu'est-ce que la guillotine, Jean-Baptiste ? Le terme d'un processus d'identification.

20 mars

La foudre se divise. Les arrestations se multiplient. C'est le premier acte de la stupeur. Hoche, à son tour, membre du club des Cordeliers, a été arrêté.

21 mars, 1er germinal

La thèse du complot de famine a pris. Paris se réjouit de l'arrestation de « ce coquin d'Hébert et de sa clique qui avaient cherché à nous faire mourir de faim ». On dit hautement que la guillotine est un trop doux supplice.

Le procès s'est ouvert sous la présidence de Dumas. Treize jurés. Vingt prévenus : Hébert, qui a l'honneur du fauteuil, Ronsin, Momoro, Vincent, Laumur, Kock, Proly, Desfieux, Cloots, Pereyra, Latreille (la femme Quétineau), Armand, Ancard, Ducroquet, Leclerc, Bourgeois, Descombes, Mazuel, Dubuisson, Laboureau. Au vu des pièces réunies, l'accusation soutient que « jamais il n'a existé contre la souveraineté du peuple français et sa liberté de conjuration plus atroce dans son objet, plus vaste, plus immense, dans ses rapports et ses détails, que celle ourdie par les prévenus ».

23 mars

Au tribunal criminel du département, Chatelain, graveur, et Desessart, brocanteur, condamnés à la peine de mort pour trafic de faux assignats, ont demandé la prolongation de leur sursis, ayant dénoncé plusieurs complices et révélé l'endroit où se trouvaient encore une centaine d'assignats de quatre cents livres, ainsi que du papier servant à leur fabrication.

Dans la première salle du Tribunal révolutionnaire, Poitou, curé assermenté, a été condamné pour propos en faveur de la monarchie et de la papauté ; Moulin, directeur de la poste, ayant pourtant abjuré son nom de Le Roy en gage patriotique, a été convaincu d'abus contre-révolutionnaire en vendant à son profit les publications officielles destinées aux citoyens.

Dans la seconde salle, le procès de *l'horrible conspiration* se poursuit. Vendus à l'argent de Pitt, Hébert et ses amis sont accusés d'avoir voulu affamer Paris, ouvrir les prisons, massacrer les représentants du peuple et mettre à la tête de la patrie une espèce de Cromwell ou de Grand juge. Dufourny, passé aux Jacobins après avoir été exclu des Cordeliers, a témoigné contre eux comme ancien président du département. D'abord sincères ennemis de la tyrannie, a-t-il déposé, ils ont montré eux-mêmes un caractère tyrannique et manifesté la plus grande haine envers les autorités de la République.

La finance se mêle au politique. Vient le piquant de débauche. On soutient que le banquier Kock recevait les conjurés chez lui où, après les discussions, tous s'abandonnaient « à des orgies poussées fort avant dans la nuit ».

– D'un côté, me dit Bruiant, ceux qui *ourdissent* et *trament* dans l'ombre, pour autant que ces mots appartiennent à la langue des métiers à tisser ; de l'autre les *tricoteuses* qui les attendent au pied de l'échafaud.

Leurs rires, leurs injures ont sonné aujourd'hui aux oreilles d'Hébert, abattu, hébété dans son fauteuil quand la foule lui rappelait les cris dont *Le Père Duchesne* carillonnait Paris, réclamant chaque jour mille têtes à couper.

La tumeur au cou de mon concierge atteint la taille d'un œuf de cane.

24 mars

J'ai appris que Fouquier avait été convoqué hier par le Comité de salut public, impatient de savoir comment allaient les choses, impatient de les faire avancer.

La même fièvre a saisi Dumas, qui a précipité la fin des auditions en prononçant un discours violent contre les accusés, « âmes viles », « esclaves féroces », de sorte que, suffisamment éclairés, les jurés ont acquitté Laboureau (l'espion du comité parmi les hébertistes) et conclu pour les autres à la conspiration.

Au tribunal, le tumulte était effroyable, les barrières renversées, les gardes repoussés, des femmes piétinées. On se pressait sur le chemin de l'échafaud pour voir passer les condamnés. Chansons. Chapeaux en l'air. « Voilà le Père Duchesne bougrement dépité. » Une foule immense, *tout Paris* m'a dit Cloüet, assistait à l'exécution. À chaque tête qui tombait retentissait « Vive la République ! ». C'est ainsi que s'est achevé pour Ronsin *le dîner des patriotes*. Hébert y est passé le dernier, condamné à voir exécuter ses complices.

Le bourreau a retenu le couperet quelques secondes au-dessus de son cou pour rendre le supplice plus amer.

Un air de fête a fouetté la nuit.

La rue Mouffetard était illuminée. C'est là qu'Hébert a vu le jour, fils d'une fruitière dont on se montrait la boutique en riant.

25 mars

Chêneville est venu me chercher.

On a découvert ce matin une fille éventrée, la gorge tranchée, dans son appartement de la rue Neuve-Saint-Eustache.

– Elle s'appelle Rose Poupe. On la connaît dans le quartier.

Après un silence :

– Voyez, commissaire, c'est le même massacre.

Le meurtrier avait secoué son membre au-dessus du cadavre.

Un filet de sperme luisait bien visible sur le haut de la cuisse.

ROSE POUPE

On sait peu de choses sur Rose Poupe. La vue de ses seins était vertigineuse. Elle aimait par-dessus tout les figues fraîches de la fin de l'été.

Son nom lui-même est incertain. On ignore le lieu de sa naissance. Elle apparaît en 1789 lorsqu'elle entre sous le nom de Zaïrette dans le sérail de la femme Deschaux, qui vient de succéder à la Montigny, rue de la Chaise. Elle est belle ; elle a dix-sept ans, des yeux qui brillent ; la langue qu'elle passe sur ses lèvres fait se damner les abbés et ouvrir leur bourse aux gens de finance. Sa taille est au-dessous du médiocre, mais elle est bien faite, alerte, avec les joues vermeilles et la gorge, surtout, la plus belle du monde.

Elle quitte la Deschaux après avoir séduit un élu de la Provence aux États-Généraux, qui lui loue un appartement, rue Sainte-Anne, à La Clef d'or, au-dessus du charron. Les amants sont bien installés. Ravagé d'avarice, ennuyeux à périr, l'entreteneur manque au plaisir. Un portefaix du Port-au-Blé, grand, bien bâti, surnommé Castor pour ses qualités, supplée le député en séance. On dit que le greluchon encense le temple inférieur, tandis que le Provençal visite son annexe. Tout cela ne bat que d'une aile. La séparation a lieu. Après être passée par des femmes à raccroc, la jeune femme qui a pris Roxane pour nom de guerre s'en remet à une appareilleuse du bon ton, la Deligne.

Passades, parties fines, la vie va son train. Une mauvaise affaire avec une patrouille de sans-culottes qui, sous prétexte d'égalité, réclame sa part sur le prix des plaisirs, l'oblige à changer de quartier. Elle renonce au métier, se fait appeler Sophie Minot et s'engage comme fille de boutique chez madame Lisfrand, *Au Pavillon d'or*.

Tout un an, elle reste sage. Comment résister à l'air corrupteur, aux caresses, aux lumières, aux toilettes, à la vie dangereuse que promettent les salons du Palais-Égalité ? L'honnêteté, la belle affaire ! Sophie Minot devient Rose Poupe, et se rend célèbre dans le monde de la galanterie en vendant ses charmes à tant par mois, payable d'avance, renouvelable au consentement des parties. La rumeur veut que Danton ait bu sur sa gorge tout un vin de Bourgogne. Barère, l'Anacréon de la guillotine, s'y est délassé des innombrables rapports qu'il rédige chaque jour.

Cela ne va pas si mal. Ni accidents vénériens ni menaces de police. Son appartement est modeste, mais l'argent sagement placé. Indulgente par profession et par tempérament, elle attend, elle espère la fin de la Terreur, quand la Mort l'enlève avec sauvagerie sous le nom de Rose Poupe dans les premières nuits du printemps.

26 mars

Qu'est-ce qui les fait danser, les Enragés, les Endormeurs, les Indulgents, les terroristes, les missionnaires, les orateurs, et la meute des lécheurs de guillotine qui les regarde passer ? Est-ce une puissance de mort ou de vie, la belle vie à venir que nous promet la République ? Est-ce charnier ou berceau ? La Terreur bouche l'horizon, comme une substance morbide, une matière noire qui engloutit le monde dans les ténèbres.

Nous nous sommes partagés, Chêneville et moi, l'interrogatoire des voisins de Rose Poupe. Son entreteneur actuel, marchand de vins, est à Bordeaux. Le porche ouvert, l'obscurité de la cour, l'accès aux appartements, tout présente pour l'assassin les mêmes facilités que dans le cas d'Éléonore.

J'ai mis mes espions en alerte. Je verrai Marquis demain. Les cochers aident aux affaires.

27 mars

J'ai retrouvé Marquis au cabaret du Grand cerf, remuant, couperosé, la moitié du nez enlevé par un coup de froid, bancal après avoir versé dans un fossé il y a quelques jours. Il s'est engagé à faire des fiacres parisiens « un Argus aux mille yeux ».

28 mars

Condorcet s'est suicidé dans la prison de Bourg-l'Égalité.

Décrété d'accusation, partageant le sort des Girondins, dont il avait rédigé la première Constitution, il s'était caché dans Paris, où je le savais réfugié chez madame Vernet, rue Servandoni, y rédigeant une espèce d'esquisse des *Progrès de l'esprit humain*. Enfui à Fontenay-aux-Roses, il a été arrêté après avoir erré dans les bois de Clamart, et conduit dans la prison où il s'est empoisonné.

– Je le connaissais, Jean-Baptiste. À l'Académie des sciences. À l'Académie française. Au vif de l'esprit. Il m'avait raconté son séjour à Ferney, chez Voltaire, avec d'Alembert. Ses travaux arithmétiques m'étaient difficiles, mais je n'ai manqué aucun de ses ouvrages sur l'instruction. Le voici, comme tant d'autres, savants, militaires, hommes essentiels, emporté dans la tourmente.

Notre concierge a été opéré, chez lui, de sa grosseur au cou devenue violente. Le chirurgien a pratiqué l'incision, avant de cautériser au fer.

30 mars

L'affaire n'avance pas. Les trois jours sont passés. À quoi bon noter les pistes abandonnées, les recherches qui n'aboutissent pas ?

L'examen du cadavre ne nous a rien appris. Chêneville est remonté jusqu'à une entremetteuse, la Deschaux, qu'il a vue ce matin. Cloüet s'irrite du temps perdu dans cette enquête.

Je suis allé au tribunal à l'audience d'Euloge Schneider, un concentré de crapule qui, aux débauches de la table et du lit, avait ajouté celles de la guillotine.

Allemand d'origine, espèce de moine franciscain professeur de belles-lettres, nommé vicaire général de Strasbourg, Schneider laisse les prêches de la cathédrale pour les réquisitoires du tribunal. Devenu accusateur public, il multiplie les exactions de toutes sortes, vols, humiliations, oppressions, amendes et taxes levées à son profit, enivré par la jouissance de *rendre la justice*.

Après avoir forcé une jeune citoyenne à l'épouser, il hausse le ton de sa scélératesse en faisant aller la guillotine, le temps d'un hiver. L'hiver Schneider. D'abord encouragé par Saint-Just et Le Bas que la Convention a envoyés en Alsace (menacée par les troupes autrichiennes), son faste inquiète les missionnaires lorsqu'il entre dans Strasbourg dans une voiture tirée par six chevaux, entourée de cavaliers, le sabre nu. Il est arrêté le jour même, exposé le lendemain sur l'échafaud de la guillotine et déféré à Paris au Tribunal révolutionnaire.

Pour avoir « opprimé, volé et assassiné les patriotes, ravi l'honneur, la fortune et la tranquillité des familles paisibles », Schneider vient d'être condamné à mort.

J'ai appris en quittant le tribunal que l'ordre d'arrestation de Danton, Delacroix, Desmoulins et Philippeaux avait été signé. Ils seront arrêtés cette nuit.

31 mars

À la tribune de la Convention, Legendre a pris la défense des Indulgents arrêtés.

– L'ennemi était alors aux portes de Paris : Danton vint et ses idées sauvèrent la patrie.

– Pas de privilèges, a répondu Robespierre. Nul n'est au-dessus des lois. Les intrigants, les hypocrites ambitieux, tous doivent être jugés.

« Nous verrons dans ce jour si la Convention saura briser une idole pourrie depuis longtemps ou si, dans sa chute, elle écrasera la Convention et le peuple français.

Présentant longuement son rapport au milieu d'un silence étranglé, le Foudroyant a commencé par dire que la Révolution ne résidait pas dans la renommée de quelques personnages.

– Il y a quelque chose de terrible dans l'amour sacré de la patrie ; il est tellement exclusif qu'il immole tout sans pitié, sans frayeur, sans respect humain, à l'intérêt public.

Les Modérés sont les derniers partisans du royalisme, a poursuivi Saint-Just. Ils ont suivi la liberté comme un tigre suit sa proie. Comme d'Orléans, Brissot, Hébert avant eux, ils ont conspiré avec l'étranger... C'est dire que le sort de Danton est scellé.

– C'est l'évidence, Jean-Baptiste. L'arrestation de Hérault-Séchelles, les interpellations de Saint-Just et de Barère à l'Assemblée, tout annonçait qu'après les Enragés viendrait le tour des Indulgents.

« C'est cela la tragédie. Un événement prévisible, préparé de longue date, suspendu sur nos têtes et en même temps brutal, totalement inattendu, quand il survient et frappe de stupeur.

– L'événement, Bruiant, c'est la Terreur, l'événement tempête qui enveloppe tout ce qu'il rencontre, élargissant ses cercles, déchaîné par sa puissance, ivre de lui-même.

1er avril, vieux style

Je suis retourné rue Neuve-Saint-Eustache, hanté par le fantôme des crimes impunis, dont les victimes deviennent des âmes errantes, des morts épouvantés. La vue de l'appartement serrait le cœur. Que reste-t-il quand la vie se retire ? De qui, de quoi la tache de sang sur le sol est-elle la trace ? Ni la vaillance de Rose Poupe (il en faut dans ce métier), ni sa prudence et ses calculs, ni les promesses d'avenir et l'amour de la vie, jusque dans les désirs que son corps faisait naître, rien n'a pu la retenir.

On attend le procès de Danton. Le Comité de salut public a constitué un bureau de police qui empiète sur les attributions du Comité de sûreté générale et rivalise avec lui. Comment chercher l'assassin de deux filles publiques – « ce petit fait misérable » selon Cloüet – au milieu de tels bouleversements ?

2 avril

Le procès des Dantonistes s'est ouvert.

Herman préside, assisté de quatre juges ; Lescot-Fleuriot est aux côtés de Fouquier-Tinville comme accusateur ; quatorze prévenus ont pris place sur les bancs des accusés : Fabre d'Églantine, Chabot, Bazire, Delaunay d'Angers, Danton, Delacroix, Desmoulins, Philippeaux, Hérault-Séchelles, Despagnac, Junius et Emmanuel Frey, Gusman, Deidérischen.

Il est visible que pour l'humilier, pour abîmer son image, on a associé au procès de Danton celui des escrocs de la Compagnie des Indes, dont le forfait n'est pas douteux. Après cela, Mirabeau, Dumouriez, les Brissotins, « le masque du patriotisme », la conspiration contre la liberté… tout y passera.

3 avril

Westermann, le vainqueur – l'égorgeur – de la Vendée, a rejoint les accusés.

L'Ogre des abîmes a fait le formidable, balayant les accusations, s'expliquant sur tous les points, dénonçant Saint-Just et l'ignominie de son rapport, réclamant des témoins, fragilisant le président et l'accusateur, jusqu'à susciter les murmures de la foule dans la tempête de son discours.

Est-ce pour avoir voulu « briser la faux de la mort », pour avoir réclamé que la Terreur se borne aux ennemis de la République, que Danton se retrouve devant le tribunal qu'il a institué ? Les Indulgents avaient appelé à la création d'un comité de clémence. Dans un numéro du *Vieux Cordelier*, Desmoulins avait assimilé Robespierre à ces despotes antiques dont la cruauté est « causée par la crainte, la cupidité et les soupçons ». Il n'en fallait pas davantage.

Il s'agit maintenant de les faire taire.

4 avril

– Pourvu qu'on nous donne la parole et largement, je suis sûr de confondre mes accusateurs.

Herman et Fouquier ont uni leurs efforts pour empêcher Danton de parler. Amar et les membres du Comité de sûreté générale hantaient les couloirs, inquiets d'un mouvement populaire. Dans la hâte, Fouquier a écrit à la Convention que l'ordre judiciaire ne lui donnait pas les moyens de museler les accusés. Il lui fallait un décret. Sur l'intervention de Saint-Just, le décret a été rendu. Amar l'a apporté au tribunal. « Voilà de quoi vous mettre à votre aise, et mettre à la raison ces mutins-là. » Les accusés sont avertis que tout prévenu de conspiration qui insultera la Justice nationale sera mis hors des débats, et les jurés passeront aux délibérations.

Voilà pour effacer ce grand visage ardent de la Révolution, porté par sa grandeur au cœur du tourbillon, qui fut mêlé au sang des massacres avant d'en demander l'arrêt, dont la stature et le rayonnement constituaient sans doute une espèce d'aristocratie aux yeux de Robespierre.

5 avril

Cela n'a pas tardé. Dénonçant la violence avec laquelle les accusés se défendent, inquiet de leurs attaques contre le tribunal, Fouquier a invité les jurés à délibérer sans attendre.

Seul Lhuillier, réuni hier aux accusés, a été acquitté.

Danton et les quatorze prévenus ont été guillotinés tout à l'heure. Danton l'a été le dernier. Au moment où le couperet est tombé, il a dû se demander comment tout ça s'est fait, à quel moment il a perdu la main, qu'est-ce qui a mal tourné, c'était tout de même quelque chose de s'appeler Danton et de refaire la France, être beau comme un ogre, remuer les entrailles au moyen de l'audace, serrer l'Assemblée à la gorge ou la faire jouir comme une fille, avec le vin rieur et colossal, l'éclat de l'or, les cuisses des femmes... et puis tout ça, c'est si loin maintenant.

6 avril

– C'est ma cousine Imbert, commissaire, c'est elle qui tient l'hôtel, elle s'est dit « Marquis saura quoi faire, faufilé comme il est ». J'y suis allé, c'est comme vous m'aviez dit, un massacre. J'ai vu ça avec des bêtes, dans l'enfance, là-bas, du côté du Limousin, ça y allait dans le sang et les viscères, mais là, j'aurais pas imaginé. Moi qui devais chercher un assassin, je vous amène une victime.

« Il y a aussi sa sœur, elle était enfermée dans l'armoire, battant des pieds et des mains contre la porte, on l'a sortie de là bien secouée, elle doit avoir entre huit et dix ans, j'ai essayé de la faire parler. Pas moyen de lui tirer un mot.

Il ne m'a pas fallu longtemps pour comprendre la raison de ce silence : la fille est muette.

MIMI DELINEUX

À Dunkerque, dans les années 1770, la vie n'est pas tendre aux miséreux qui travaillent sur les quais. Pour la douceur de vivre, on repassera. Mimi Delineux y naît d'un père crocheteur, moins gagne-deniers que gagne-misère, et d'une mère cardeuse dans une manufacture. Peu recommandable dans le métier, car il *fatigue*, le père l'est davantage dans les tavernes où il racle un violon à trois cordes pour faire danser les matelots. Pour l'occasion, il noue autour de son cou un foulard de soie jaune, trouvé, il y a bien longtemps, dans la cale d'un navire qui revenait de loin. On le paye en pots de bière, un tord-boyaux au dernier air. Après quoi il rentre et fait danser sa femme et sa fille à coups de ceinture.

La vie n'est pas tendre. Souvent Mimi aurait voulu mourir. C'est vrai qu'il y a le vent et les bateaux, les beaux bateaux, avec la lumière qui guerroie dans les voiles et la folie des mâts qui accrochent, là-haut, des traînes de nuages. Ça aide un peu. Il y a aussi la petite sœur, Mariette, qui est venue, toute blonde, sujette au rachitis, que Mimi soutient et protège comme elle peut.

Le jour venu, le père l'a faite entrer à la taverne, pour servir les tables jusqu'à la nuit. Il a bien fallu qu'elle y passe. C'est ce que le patron lui a dit. « Quatorze ans, c'est d'usage. Autant que ce soit moi. » Après quoi, chacun a eu son tour, le samedi, dans l'arrière-salle, où sont les tonneaux. Le tavernier mettait l'affaire à quelques sous, partagés à parts égales entre Mimi et lui.

Ça a duré quelques années. Jusqu'au jour où Mariette est morte. De faiblesse générale. Comme on meurt dans le malheur, quand tout vous a manqué. Assommée par le chagrin, Mimi s'est repliée dans le silence. Trois mois plus tard, au début de l'année 1793, sa décision est prise. Elle feint de s'intéresser à *La Belle Hélène*, un bâtiment de cent tonneaux en partance pour les Pays-Bas. Elle s'arrête sur le quai où le navire est amarré. Elle discute avec les membres de l'équipage. Tout ça très visiblement. De sorte que le jour où *La Belle Hélène* lève l'ancre, à l'aurore, quand le monde est dans le sommeil, elle brûle le cul à tout ce qu'elle a connu et se cache dans une voiture de maraîcher qui se rend à Lille, sans oublier de déchirer sur la route le foulard de soie jaune qu'elle a emporté.

Arrivée dans la ville, qui se relève du siège des troupes autrichiennes, elle se signale à une recommandaresse qui tient boutique, place de Rihours, pour proposer servantes et nourrices à ceux qui en ont besoin. Elle est engagée sur son bon air et sa vaillance chez une famille bourgeoise, propriétaire d'un magasin de toiles de ménage pour l'habillement, les garnitures de meubles et de lits. Elle aide la gouvernante et la cuisinière. Les gros travaux sont pour elle. Tout vaut mieux que Dunkerque. La maison est tranquille ; la vie domestique, réglée ; Mimi profite des courses pour découvrir la ville.

Par prudence, elle évite le port intérieur, le Grand Rivage, d'où partent les marchandises pour le littoral. Ce sont les places qui l'attirent, la place d'Armes, le marché aux poulets, la place Saint-Martin. Alors, c'est comme un air du large qui souffle sur la ville et ses hautes maisons.

Chaque samedi, elle accompagne Violette, la cuisinière, place aux Charbons, où se tient le marché des animaux. Dans le coin aux volailles, elles croisent une gouvernante qui tient une petite fille par la main, sans jamais la lâcher. La petite est toute blonde.

On s'adresse à elle par signes. Elle est sourde et muette. À force de saluts, sourires et gentillesses, gouvernante et cuisinière finissent par prendre langue et, tandis qu'elles bavardent, Mimi emmène Cécile faire le tour du marché. Ses parents sont de bonne bourgeoisie. Le père est marchand de bois, au faubourg de Labarre, pas très loin de l'écluse.

C'est comme ça que l'idée lui est venue, en tenant la petite par la main, comme un coup de vent qui lui est passé dans la tête. Et qui y est resté.

D'abord, prudemment, très prudemment, elle va aux informations. C'est chez Laniez, rue du Ban-de-Wedde, que part la diligence pour Paris, à quatre heures du matin. C'est la bonne heure. Le moyen de s'éloigner rapidement. On arrive à Paris le lendemain, dans la soirée. L'obstacle est le prix du voyage. Impossible de réunir la somme demandée. Mimi retourne la chose dans sa tête. Elle retourne dans la cour de la messagerie. Il y a bien les cochers, les deux cochers qui font le trajet en alternance, Jacquin, le beau gars, la trentaine, charpenté, joli cœur avec ses yeux bleus, Martial, vieilli sur les chemins, les épaules rentrées, le regard brouillé par la fatigue et l'eau-de-vie. C'est Martial qu'elle choisit.

Il faut le temps qu'il faut. Quand même, c'est pas si difficile. Elle n'a pas oublié les leçons de la taverne et, moitié pauvresse qui attendrit, moitié mutine qui promet du plaisir, elle lui raconte son histoire, qu'elles voudraient voir leur grand-mère à Paris, qu'elles n'ont pas l'argent du voyage, qu'elles prendraient si peu de place dans la voiture, et qu'il y a peut-être un autre moyen de payer, si Martial voulait qu'elle le retrouve, la nuit, pour bien tout expliquer, elle sait être gentille.

Ça s'est fait comme ça. Elle a rejoint plusieurs fois Martial, au milieu de la nuit, dans la petite pièce où dorment les cochers, au bout de l'écurie. C'est là qu'elle entraîne Cécile, après s'être enfuie du marché, le jour prévu, un jour de foire, pour ajouter à la confusion et compliquer les recherches. Elle a acheté quelques friandises pour la petite. Elles attendent le départ, dans l'odeur chaude de paille et de crottin. À quatre heures, la lourde diligence s'ébranle sur les pavés. Mimi se serre dans un coin, la petite sur ses genoux. Cette fois, elle en est certaine, Mariette ne mourra pas.

Tout se gâte à Paris. La ville est immense. On s'épuise. On se perd. Les bureaux de placement n'ont rien à proposer. Cécile, qui a d'abord pris tout ça comme un jeu, commence à paniquer. Quand elle sort, Mimi l'enferme dans la chambre qu'elles louent du côté des Porcherons, chez la femme d'un cordonnier. L'argent viendra vite à manquer.

C'est d'elle-même, au bout de quelques jours, que Mimi s'adresse à une marcheuse, dont elle a remarqué le manège. Présentée à la femme Imbert qui se dit marchande de modes et loueuse de chambres, Mimi prend ses arrangements avec elle. Tant la passe, avec des clients qu'elle lui enverra, à parts égales, sauf le loyer de la chambre que la maquerelle perçoit en plus, naturellement. Pour Cécile, Mimi l'enferme dans l'armoire quand un client frappe à la porte.

Arrangements provisoires, se persuade Mimi, qui continue de chercher une place de domestique, et trouve son bonheur à se promener dans Paris avec la petite, main dans la main, comme deux sœurs, que les passants saluent en souriant, gentilles demoiselles qui sentent encore leur province, mais se mettront vite au ton de la capitale, allez.

L'hôtel de la Paix, rue de Chartres, n'est pas le mieux famé. On trouve au rez-de-chaussée, en entrant par la cour, une enfilade de petites pièces sordides où les barboteuses proposent leurs services aux jeunes gens, qu'elles branlent pour quelques sous, chandelle et eau de vie comprises. Les chambres à l'étage accueillent une clientèle plus exigeante. C'est là que Mimi est logée. C'est là qu'elle ouvre la porte au coup de vent terrible qui la jette dans une mer rouge, toute rouge, dans la mer sombre et poisseuse dans laquelle se noient les rêves et les chagrins des miséreux comme elle, Mimi Delineux, native de Dunkerque, âgée de vingt-deux ans, cheveux et sourcils châtains, yeux bleus, bouche moyenne, figure pâle, marquée de petite vérole, qui a enlevé une fille de sept ans à Labarre-les-Lille.

7 avril

Nuit épouvantable. À peine ai-je basculé dans le sommeil qu'une ombre puissante s'est assise sur moi et, de cette masse de ténèbres, a jailli la lame d'un couteau qui, à plusieurs reprises, avec une violence inouïe, s'est enfoncée dans ma gorge.

8 avril

Moi qui ai si souvent, avec tant de plaisir, noté dans mes carnets les progrès d'une enquête, en suis-je réduit à ne plus marquer que des piétinements ? Aucune lumière dans l'affaire des filles assassinées. Y a-t-il seulement une logique à ces crimes, dont la fréquence s'accélère sans qu'on sache pourquoi ? Je ne suis qu'un vieillard épuisé, que ses rêves eux-mêmes ont déserté.

Il y a trois jours, d'accord avec Robespierre, Vadier s'en est pris à Dufourny, qui a succédé à Lavoisier à la direction des Poudres et salpêtres de l'Arsenal, l'ayant entendu protester qu'il n'y avait pas de preuves contre Danton. Une citoyenne a rapporté une autre de ses sorties. « De quoi se mêle Saint-Just ? Il ne lui appartient de juger personne. » Après quoi Robespierre a entrepris un réquisitoire en règle, reprochant à Dufourny ses liens avec Fabre d'Églantine et ses murmures contre la Convention :

– Quoi ! Quand les crimes des conspirateurs sont écrits avec le sang du peuple ; quand la Belgique, encore fumante de carnage, atteste la trahison ; quand les cœurs indignés sont convaincus de tant de scélératesse, dont les stupides seuls peuvent douter, un homme ose demander où sont les preuves ! C'est-à-dire que les républicains ne savent pas rendre justice, que la Convention et le Tribunal révolutionnaire égorgent les innocents !

Dufourny a été exclu des Jacobins et arrêté le soir même.

Le tribunal poursuit ses auditions. De nouvelles condamnations ont été prononcées. On a nommé Herman ministre de l'Intérieur pour le remercier, et lui substituer un président plus sûr encore. C'est Dumas qui prend sa place. Subleyras et Coffinhal sont vice-présidents.

Le nouveau président a présenté son programme au club des Jacobins.

– Il faut écarter de nous ces idées d'humanité et de sensibilité ; il ne faut laisser aux conspirateurs aucun espoir d'impunité.

Hier, à la Convention, Legendre s'est fait pardonner sa défense de Danton en demandant l'arrestation du député Simond, lié à Hérault-Séchelles. On répand le motif d'une conspiration, née dans la prison du Luxembourg, impliquant l'ex-général Dillon et ses amis.

Un concierge, gagné à leur cause, devait leur ouvrir les portes, a expliqué Couthon. Les prisonniers et leurs complices devaient alors égorger les membres du Comité de salut public, massacrer les députés de la Convention, immoler les juges du tribunal, avant de délivrer l'enfant Capet que Danton lui-même, libéré de la Conciergerie, aurait présenté au peuple et proclamé roi.

10 avril

Le procès de la conspiration du Luxembourg a commencé. Vingt-six prévenus sont sur les bancs, parmi lesquels Dillon, Chaumette, Simond, Gobel, l'ancien évêque convaincu d'athéisme, Grammont et son fils, militaires tous les deux.

Il s'agit de poursuivre la liquidation des amis d'Hébert et de Danton, de sorte que la veuve du *Père Duchesne* et celle de Camille Desmoulins se retrouvent parmi les accusés.

Robespierre avait assuré la Convention que les Indulgents constituaient la dernière faction à abattre. *Par quelle fatalité* – c'est l'expression qu'il affectionne –, par quelle fatalité faut-il qu'une nouvelle conspiration apparaisse ?

11 avril

Le peuple se passionne pour les débats du tribunal dans l'affaire du Luxembourg. Il a pris goût aux complots retournés sur le gril comme à un spectacle, l'une de ces fêtes antiques où l'on jette dans l'arène « les loups et les vautours rassemblés autour du cadavre du despotisme », comme dit Fouquier-Tinville.

Seul bonheur dans l'enquête sur la mort de Mimi Delineux : Chêneville, qui rentre de Lille, m'a dit l'immense joie des parents et de leur fille Cécile lors de leurs retrouvailles.

12 avril

Les condamnations se poursuivent dans l'autre salle du tribunal. Propos antirévolutionnaires, possession d'effigies royalistes, intelligence avec l'ennemi.

J'ai croisé ce matin mon concierge, qui a noué un foulard par-dessus le bandage serré sur son cou. Un peu de sang suintait à travers le tissu.

13 avril

Après trois jours de procès et l'audition de trente-sept témoins, sur les vingt-six accusés dans l'affaire de la prison du Luxembourg, dix-neuf ont été condamnés. Ce qui a porté à vingt-deux le nombre d'exécutions, en y ajoutant les trois condamnés de l'autre section.

Partageant la même charrette, Gobel, éternel relaps, récitait la prière des agonisants, Chaumette, l'homme furieux de la Commune, promettait l'échafaud à ceux qui l'avaient condamné.

Cloüet a paru réjoui. La guillotine est repartie *de plus belle*.

14 avril

Nouvelles condamnations pour infidélités dans les fournitures aux armées. Le libraire Gattey a été convaincu de commerce de livres contre-révolutionnaires avec les colonies. À l'énoncé du jugement, sa sœur, présente dans l'enceinte du tribunal, s'est élancée vers lui en criant « Vive le roi ! ». Elle a été arrêtée.

– Grammont, qui a été exécuté hier, n'est-ce pas lui, Jean-Baptiste, qui, dans le salon de la Montansier, faisait admirer le mécanisme d'une guillotine miniature qu'il portait en breloque à sa chaîne de montre ?

– Tout juste, Bruiant. Ancien comédien, il s'était fait militaire sous les ordres de Ronsin, ancien dramaturge.

– Puisqu'il est question de belles lettres, mais dans le grand, dans le très grand cette fois, la Convention vient de décréter, sur proposition de Robespierre, le transfert des cendres de Rousseau au Panthéon.

15 avril

Parmi les trois condamnés exécutés aujourd'hui figure Marie-Claudine Gattey, ex-religieuse du couvent de Saint-Lazare, la sœur du libraire guillotiné hier.

J'ai reçu une lettre de mademoiselle Adeline, installée à Bordeaux.

16 avril

Avec la guillotine, la Faucheuse a trouvé sa formule.

La Convention a décidé que tous les prévenus de conspiration seront désormais traduits de tous les points de la République au Tribunal révolutionnaire de Paris.

20 avril, 1er floral

Vomissements, crampes et suées, voilà ma raison sociale.

Depuis cinq jours, je ne prends que du bouillon, qui lave le sang et tempère les humeurs, à défaut de guérir. Je n'ai pas quitté la chambre, où j'ai été saigné, où Marquis est venu rapporter qu'il restait aux aguets (manière de dire qu'il n'avait rien à dire).

Bruiant a entendu le discours de Billaud-Varenne invitant les députés à faire tomber les masques et anéantir les ennemis de la République. « C'est l'hécatombe la plus propice qu'on puisse offrir à la victoire. » Il a encouragé le Tribunal révolutionnaire à poursuivre son action. Il a prévenu que « tout peuple jaloux de sa liberté doit se tenir en garde contre les vertus mêmes des hommes qui occupent des postes éminents ». Est-ce une menace voilée envers Robespierre ?

– Encore un peu, Jean-Baptiste, et tu verras que, pour garder l'appui de la Convention, l'Incorruptible devra faire preuve de quelque vice.

Bruiant et Chêneville se sont croisés.

Billaud-Varenne peut être rassuré. Chêneville a assisté il y a deux jours à l'exécution de dix-neuf condamnés, parmi lesquels une *fournée* de ci-devant nobles, sans lien entre eux, convaincus de correspondre avec les émigrés ou de porter le deuil de Capet. Aujourd'hui ce sont vingt-quatre magistrats des ci-devant parlements de Paris et de Toulouse qui ont été exécutés. Encore doit-on y ajouter les six condamnés de l'autre section du tribunal.

Il faudrait entrer dans l'histoire de chacun, exposer ce qui leur est reproché, reproduire leurs réponses aux interrogatoires, inscrire au moins leurs noms dans ce carnet pour en garder la trace et fixer leur mémoire, comme je l'ai fait jusqu'ici. Je n'en ai plus la force. Tant de suspects montent sur l'échafaud. C'est peut-être là le triomphe de la Terreur, dans ces *fournées* qui brisent l'identité du condamné, noyé dans le nombre, emporté dans le lot des exécutions du jour.

21 avril

Robespierre, Saint-Just et Couthon sont plus que jamais les hommes forts de la République. Ils tiennent les douze commissions exécutives qui dépendent directement du Comité de salut public (Herman vient d'être nommé commissaire de celle des administrations civiles, police et tribunaux). Ils dirigent le nouveau bureau de police auquel sont adressées, de toutes les régions de France, les lettres dénonçant les contre-révolutionnaires.

22 avril

Je suis retourné au Tribunal révolutionnaire où le vieux Lamoignon-Malesherbes, ci-devant ministre, défenseur du ci-devant roi lors de son procès, cher à Bruiant pour avoir soutenu les encyclopédistes lorsqu'il était directeur de la Librairie, a été condamné pour conspiration avec une dizaine de ci-devant nobles ayant pour la plupart entretenu des liens avec des émigrés.

23 avril

Sorti tard dans la soirée, je suis allé rue de Chartres et suis resté longtemps devant l'hôtel de la Paix, attendant je ne sais quoi, observant les allées et venues, le passage des visiteurs, le manège des barboteuses, essayant d'imaginer la nuit au cours de laquelle Mimi Delineux avait trouvé la mort.

24 avril

Au tribunal, trente-cinq prévenus, militaires, prêtres, bourgeois, artisans, parmi lesquels deux groupes de trois sœurs, les filles Vatrin, les filles Henry, toutes les six orphelines, ont été condamnés à mort pour avoir favorisé la capitulation de Verdun, être restés en fonction pendant l'occupation de la ville par les Prussiens ou leur avoir fait bon accueil jusqu'à visiter leur camp.

Claire Tabrouillon et Babe Henry, l'une et l'autre âgées de dix-sept ans, ont vu leur peine commuée en six heures d'exposition et vingt ans de détention.

Cinq condamnés de l'autre section du tribunal se sont ajoutés aux conspirateurs de Verdun.

L'exécution a eu lieu.

Trente-huit têtes sont tombées.

Mon concierge en est revenu un peu secoué, malgré son air faraud.

25 avril

Le temps ne m'est plus. La vie s'en va. Je le sais, je le sens. Combien de mois me reste-t-il à vivre ? J'aurai bientôt mené ma solitude à son terme, je ne manquerai à personne. Qui se tournera vers moi et me relèvera du néant par le souvenir, par une pensée ? Déjà les fantômes de ceux que j'ai aimés se pressent autour de moi.

Puissé-je sentir la caresse de ma mère et trouver son sourire au moment de mourir.

26 avril

Mauvais commissaire, *écrivain* infidèle, je lâche le registre.

Mademoiselle Adeline me manque. La vue de son visage m'était un cadeau glissé du ciel, une de ces illuminations qui font la vie plus douce, belle et toute souriante.

28 avril

Il y a deux jours, Carnot et Saint-Just se sont affrontés au Comité de salut public.

– Je ne te crains pas, ni toi ni tes amis, vous êtes des dictateurs ridicules, a jeté Carnot.

J'ai repris le chemin du tribunal, où trente-trois prévenus d'émigration ou de complicité dans les complots de Capet et de Marie-Antoinette, appartenant pour la plupart à la ci-devant haute aristocratie, ont été condamnés.

Parmi eux se trouvait Crosne, le dernier lieutenant de police sous les ordres de qui j'ai été.

Salle de l'Égalité, Pierre-Jean Jean, tisserand à Colmey, et Jean-Nicolas Nicolas, cordonnier dans la même ville, ont été convaincus de mauvaises fournitures pour le compte de la République.

29 avril

– Il y a quelque chose d'implacable dans l'ascendant qu'exerce Saint-Just. Son nom lui-même claque comme un commandement, comme s'il attisait en lui on ne sait quel feu.

– Chaque nom est une chance et un risque, m'a répondu Bruiant, dont la voix résonnait dans l'appartement vidé de ses livres. Pour celui-ci, oui, un feu l'habite, une puissance abstraite, l'exigence d'une idée que rien n'arrête. Sainte Justice !

– Et voilà l'Ange exterminateur, le bras armé de la Vertu démêlant le chaos...

« Avec ça une beauté jalouse d'elle-même, sans faiblesse, sans abandon. Un orgueil d'échafaud. C'est son côté Saint-Preux.

– Pour le rapport à la prouesse, il y est. Je me souviens d'*Organt*, le poème en vingt chants publié par Saint-Just en 1789, dans lequel chevauchent de preux chevaliers avec leur mie en croupe, entre la parodie du *Roland furieux* de l'Arioste et celle de *La Pucelle* de Voltaire. Sorciers, démons, enchantements ne manquent pas, ainsi qu'un moine lubrique qui *assouvit sa luxure* en violant de gentes demoiselles.

– C'est passer des désordres du libertinage à l'ordre de la Terreur.

– Il y a longtemps, du reste, que la guillotine est pour lui une fontaine de sang dans un jardin mystique.

« En espérant qu'il n'aura pas le sort du premier saint Just, décapité à l'âge de neuf ans, et doublement martyrisé puisqu'on dit que dans leur guerre contre les reliques, les huguenots ont brûlé sa tête, à Beauvais, en 1567.

1er mai, vieux style

Salle de la Liberté, six condamnations pour complot contre la sûreté et la souveraineté du peuple et, à la même audience, deux pour faux en écriture et surcharges sur les feuilles de route de convois militaires.

Salle de l'Égalité, six condamnations pour secours aux ennemis extérieurs, enfouissement de bijoux, détention d'objets et de documents flattant la tyrannie, accaparement.

2 mai

Le tribunal a prononcé deux condamnations pour conspiration dans les journées du 20 juin et du 10 août. À la même audience, le curé Petra a été convaincu de manœuvres tendant à fanatiser les citoyens, ayant arraché des placards affichés à la porte de son église, négligé l'inventaire des objets sacrés qu'on lui avait demandé et invité ses fidèles à prier pour l'âme du dernier roi des Français.

3 mai

On a jugé, salle de la Liberté, les militaires impliqués dans l'affaire des grenadiers du bataillon des Filles-Thomas. Douze prévenus ont été condamnés pour complot tendant à allumer la guerre civile, en armant les citoyens les uns contre les autres. Salle de l'Égalité, Denis Repoux Chevagni a été convaincu d'avoir souhaité l'entrée des ennemis sur le territoire de la République.

4 mai

Salle de la Liberté, dix prévenus ont été condamnés comme auteurs ou complices de complots contre la représentation nationale et la souveraineté du peuple.

Dans l'autre salle, à l'audience à laquelle j'assistais, Lacroix, employé à la Trésorerie nationale, Durand, gendarme dans l'armée du Nord, Santenay, garçon confiseur, ont été convaincus de propos antirévolutionnaires tenus en état d'ivresse.

– Je ferai sortir les boyaux du ventre à la nation, avait dit Lacroix. Je crierai « Vive le roi ! » quand même j'aurais la tête sur la guillotine. Tous ceux qui vont combattre les rebelles sont des jean-foutre et vive le roi !

Âgé de dix-neuf ans, Santenay ne se souvenait pas des propos qui lui étaient reprochés, ni de ceux qu'il avait tenus lors de son premier interrogatoire, attendu qu'une heure plus tôt il était encore sur son lit pour se dégriser, a-t-il expliqué.

5 mai

Salle de la Liberté, Labussière, ci-devant noble, a été condamné pour conspiration au service de

Capet, les femmes Duverne, Derville, Valory, ci-devant nobles elles aussi, l'ont été pour relations avec l'émigration ou propos antirévolutionnaires.

Salle de l'Égalité, le tribunal a condamné Claude-Françoise Loisillier, faiseuse de modes rue Beautreillis, pour avoir affiché un placard manuscrit invitant à délivrer les innocents emprisonnés et à « faire finir la guillotine ». Une perquisition chez elle a mis au jour de nombreuses attestations de sa foi religieuse et de sa fidélité au roi.

À la même audience ont été condamnées Félicité-Mélanie Hénouf, marchande de modes rue Montmartre, pour avoir composé sciemment un écrit violent appelant au règne de Louis XVII, et Marie-Madeleine Virolle, coiffeuse rue Coquillière, pour avoir écrit que la Convention était « un tas de scélérats, un tas de gueux » ; la République, « une chose infâme » ; Robespierre, « un aboyeur ». Deux hommes, Sauvage et Duchesne, ont été convaincus de propos antipatriotiques tenus en état d'ivresse.

6 mai

Le mot a pris, mot terrible, mot épouvantable, voici les *fournées* du jour.

Salle de la Liberté, onze condamnés, onze conspirateurs de la Moselle, impliqués dans un complot visant à favoriser l'émigration de contre-révolutionnaires.

Salle de l'Égalité, treize condamnés, treize conspirateurs de Dijon, convaincus de manœuvres et de complots formés dans les prisons, tendant au rétablissement de la royauté.

7 mai

Maigre journée pour Dumas et Fouquier : six condamnés, salle de la Liberté ; quatre, salle de l'Égalité.

8 mai

Robespierre a prononcé un long discours à la séance de la Convention, à laquelle assistait Bruiant. Au nom du Comité de salut public, le Vicaire a fait l'éloge du peuple français et de son énergie au service de la République. « L'Europe ne conçoit pas qu'on puisse vivre sans rois, sans nobles, et nous que l'on puisse vivre avec eux. » Il a rappelé les crimes des factieux soudoyés par l'Angleterre. Dénonçant le matérialisme égoïste des encyclopédistes, il en a appelé à l'Être suprême, dont l'idée est « sociale et républicaine ». Au terme, la Convention a voté le décret instituant le culte de l'Être suprême et de nombreuses célébrations nationales, parmi lesquelles le 14 juillet, de même qu'aux jours de décadi, des fêtes *à l'Être suprême et à la Nature*, *aux Martyrs de la liberté*, *à la Haine des tyrans et des traîtres*, *à la Justice*, *à la Pudeur...*

La première fête dédiée à l'Être suprême est fixée au 20 prairial prochain.

Au tribunal on jugeait l'affaire des fermiers généraux. Trop riches pour que la guillotine pût les manquer.

Vingt-huit ont été condamnés, convaincus d'être auteurs ou complices d'un grand complot tendant à favoriser le succès des ennemis de la France, « en ajoutant au tabac de l'eau et des ingrédients nuisibles à la santé des citoyens ; en prenant six ou dix pour cent, pour l'intérêt de leurs cautionnements et la mise des fonds nécessaires à leurs exploitations, alors que la loi ne leur en accordait que quatre ; en pillant et volant par tous les moyens possibles le peuple français pour enlever à la nation des sommes immenses, et les fournir aux tyrans ligués contre la République ».

À Lavoisier, le grand chimiste, qui demandait un délai pour achever une expérience, Coffinhal a répondu :

– La République n'a pas besoin de savants ni de chimistes.

Son mot ordinaire est « assez causé ».

9 mai

J'ai pensé au discours de Robespierre. Cet homme a une vision. En convoquant la vertu républicaine au destin de la France, en imaginant ce destin en dehors de la gloire du monarque à laquelle jusqu'ici, partout en Europe, chaque peuple est attaché, il fait de la nation une idée neuve et magnifique à laquelle il vaut de se sacrifier. Et sans doute est-ce ici, et non dans les fastes de Versailles ni dans le génie de nos modistes ni dans celui du vin de Champagne, que la France s'affirme devant l'Histoire.

Faut-il que le Tribunal révolutionnaire abîme cette vision par des crimes de fondation...

Assez causé ! Coupez-lui la parole ! Que cherchent-ils, Dumas, Coffinhal, Fouquier, quand ils s'époumonent à faire taire les accusés ? Tout à coup l'éloquence du tribun fait place à la brutalité du soudard qui fait un mot avant d'enfoncer son épée dans le cou de sa victime.

En imaginant sa machine, Guillotin voulait que la peine de mort soit la même pour tous (*guillotinea communis* ou *vulgaris*, comme dit Bruiant) ; que le condamné ne souffre pas ; qu'aucune idée de spectacle ne soit associée à l'exécution.

L'égalité du châtiment est acquise. Pour la souffrance, qui peut le dire ? Quant au spectacle, la place de la République se couvre chaque après-midi d'une foule impatiente de voir, et de bien voir, les têtes tomber.

Les juges du tribunal y puisent la jouissance supplémentaire d'humilier le condamné dans son cadavre. Ces corps qui roulent au néant séparés de leur tête, tronqués, mutilés, ces têtes sans corps sont voués au silence. Spectres désolés au royaume des ombres, ils sont définitivement muets.

10 mai

Salle de la Liberté, Anne Élisabeth Capet, la sœur du ci-devant roi, a été condamnée, ainsi que vingt-quatre autres accusés appartenant à la ci-devant aristocratie.

– Comme ça, rien ne l'empêchera de se croire encore dans les salons de Versailles quand elle sera au pied de la sainte guillotine, entourée de toute cette noblesse, a raillé Dumas en plaisantant avec Fouquier.

20 mai, 1er prairial

Rien dans l'affaire des filles assassinées, mais les fabricants de faux assignats que je traque depuis si longtemps ont été arrêtés.

Tout s'est mis en branle lorsque la femme Jouanneau a présenté à un boucher de la rue du Sentier un billet de quatre cents livres :

– Ce billet est-il bon ? lui demande-t-elle.

– Mais oui, je le crois, voici votre monnaie.

Un doute surgit dans l'esprit du boucher, que la question – qui l'avait d'abord mis en confiance – turlupine. Il court après la femme, la prie de revenir et lui rend son billet. Tout pourrait s'arrêter là. Le boucher soupçonneux suit la citoyenne, qu'il voit entrer, rue Neuve-Saint-Martin, dans une autre boutique. Même jeu avec le billet au moment de payer, à la différence qu'un client, employé à la Trésorerie nationale, l'examine et le déclare faux. De nouveau, la femme Jouanneau se retire, emportant le billet qu'elle ira, dit-elle, déposer à la section de son quartier. Rien de plus mensonger. Même manège quelques rues plus loin. Cette fois, le billet est accepté ; la monnaie, rendue. La citoyenne s'éloigne. Le boucher, qui a continué de la suivre, l'interpelle :

– Ma petite mère, il faut me suivre au corps de garde !

Après avoir récupéré le billet incriminé, il l'emmène devant le commissaire de la section du Temple qui, connaissant mon intérêt pour la question, m'associe à l'enquête.

La femme Jouanneau soutient qu'elle a trouvé un portefeuille sur le boulevard, et dans ce portefeuille, l'assignat. Son mari se présente. On le questionne. Vendeur de toiles de chanvre, commissionnaire, prêteur de fonds, l'homme paraît suspect. Nous nous transportons chez lui. Perquisition rigoureuse. Rien n'indique une fabrication de faux assignats.

Retour aux interrogatoires, plus pressants cette fois, devant le directeur du juré chargé de l'acte d'accusation, que je persuade de se faire menaçant. Le mari est rendu à la liberté. Accusée d'avoir exposé sciemment un faux papier national de quatre cents livres, Fanny Amand, femme de Jean-Alexandre Jouanneau, dit Maisonnais, est emprisonnée, en attendant sa présentation devant le tribunal criminel.

Deux nuits au violon ont suffi. La peine de mort suspendue sur sa tête, l'inculpée a demandé à me voir, et reconnu qu'elle tenait le billet de son mari.

Nouvelle perquisition chez lui. Je parcours sa correspondance, où figurent plusieurs bordereaux témoignant envoi et réception de toiles de chanvre de différentes sortes, *mi-blanc* (dites aussi boulvardées), *écrues* (dites aussi jaunes) et *lessivées*. La chance fait le reste. Au moment où je demande où se trouvent ces marchandises, un jeune homme se présente, porteur d'un billet adressé à Jouanneau de la part d'un nommé Kétin, d'Arras, actuellement à l'hôtel d'Aga, rue de Chartres.

Après les politesses, Kétin demande à Jouanneau s'il a bien reçu la quantité de toiles lessivées dont ils ont convenu. « Enfin j'aurai plaisir à vous revoir, et vous embrasse en attendant. Salut et fraternité. »

Tout cela fort suspect à mes yeux.

Interrogé dans son hôtel, Kétin se dit de passage à Paris, fabricant de cretonnes et autres toiles, en commerce régulier avec Jouanneau. Rien ne me va.

Je fais venir Cloüet, qui surveille Kétin. Nous partons pour Arras.

Enfin, pour dire le mot, après perquisitions et interrogatoires, la fabrique de cretonnes se révèle un leurre. Ce sont de faux assignats, de sommes différentes, que désignent les toiles dans le code des trafiquants. Kétin, le chef de la bande, et trois autres complices ont été arrêtés. L'échafaud les attend.

Puisqu'échafaud il y a, Chêneville tient les comptes.

Trois cent cinquante-quatre guillotinés en floréal.

23 mai

Je suis resté chez moi, où je me suis reposé de l'affaire d'Arras.

Sous les ordres de Bagdelone, l'armée des Alpes multiplie les victoires. La République passe les monts.

Surtout, la nuit passée, entre une heure et une heure trente, Henry Admiral a tiré sur Collot d'Herbois. Logé dans la même maison que Collot, au 4 de la rue Favart, c'est Robespierre qu'il projetait d'assassiner. L'ayant vainement guetté à la Convention dans l'après-midi, il se prend de vin dans la soirée, d'un café à l'autre. Après avoir attendu le retour de Collot dans l'escalier de la maison, il lui lâche deux coups de pistolet qui font long feu. Le mur reçoit le plomb mâché. Mauvaise poudre ? Mauvais vin ? Admiral est arrêté après avoir essayé de se suicider avec un fusil et blessé le citoyen Geoffroy d'une balle dans l'épaule.

Barère a dénoncé un complot de Pitt. On donnera tous les jours lecture du bulletin de santé de l'héroïque Geoffroy à la Convention.

Voilà Collot, ancien acteur et directeur de théâtre, l'auteur du *Bon Angevin* et de *La Famille patriote*, qui a créé avec Fouché son complice *Mitraille aux Brotteaux ou les Bons Terroristes* en réprimant Lyon dans le sang, aujourd'hui soupçonné de pillages (comme la vingtaine de représentants rappelés à Paris le mois dernier), voilà Collot transformé en héros – et de menacé devenu menaçant.

25 mai

Autre péripétie, comme disent nos dramaturges. Hier soir, à neuf heures, Aimée-Cécile Renault, dont le père est marchand-papetier rue de la Lanterne, se présente devant la maison Duplay et demande à parler à Robespierre. On lui dit qu'il n'est pas là. Elle montre de l'humeur et ironise aux dépens du Vicaire. On l'arrête. Elle tient dans son interrogatoire des propos royalistes. On trouve sur elle deux petits couteaux, l'un en écaille, l'autre en ivoire, insuffisants pour assassiner quelqu'un. Mais enfin, quelle était son intention, elle qui aspire au retour de la royauté ?

Les deux attentats se font pendant. On imagine les gravures à venir. D'un côté, *Collot d'Herbois échappe à l'attentat d'Admiral*; de l'autre, *La fille Renault médite l'assassinat de Robespierre*.

Il faut reconnaître, du point de vue matériel, la médiocrité des conspirateurs, qui grandissent l'image de Charlotte Corday auprès des Girondins.

26 mai

Au club des Jacobins, après les discours de Collot d'Herbois et de Robespierre, Couthon a demandé que le gouvernement britannique, auteur des crimes et des attentats contre les représentants du peuple, soit déclaré coupable de lèse-humanité.

La Convention décrète qu'il ne sera fait aucun prisonnier anglais ou hanovrien.

La plaie suppure au cou de mon concierge. Je lui ai conseillé de changer plus souvent bandage et foulard, salis par le sang.

27 mai

Le tribunal poursuit ses travaux.

Aux trois condamnés de la salle de l'Égalité se sont ajoutés les vingt condamnés de l'autre section, parmi lesquels quatorze militaires accusés de complicité avec Dumouriez, et le fameux Mathieu-Jouve Jourdan, si connu sous le nom de *Jourdan coupe-tête*, chef d'escadron de la Gendarmerie nationale.

C'est lui, Jourdan coupe-tête, qui, après s'être vanté d'avoir tranché la tête du gouverneur de la Bastille, avait ordonné que ceux qu'on venait de massacrer à coups de barre de fer dans la cour basse du château des Papes, à Avignon, en octobre 1791, soient jetés dans le gouffre de la Glacière pour y être recouverts de chaux vive, malgré leurs hurlements et leurs supplications.

Ce ne sont pas les massacres qui lui sont reprochés (on l'a renvoyé dans le Vaucluse exercer ses talents de boucher à la tête de la gendarmerie). Mais voici que l'intérêt, l'ambition, le jeu et toutes les passions se sont emparés de lui. Des maisons, des chevaux, un luxe ostentatoire, des patriotes envoyés à l'échafaud ! Le colosse n'est plus qu'un homme rempli de vices.

Il vient d'être emporté dans la *fournée*.

28 mai

Il a fait doux après la crainte de gelées. On va vers les beaux jours. « Considérant que le respect le plus inviolable pour les mœurs est ce qui doit essentiellement caractériser un peuple libre », le Corps municipal interdit toute forme de nudité dans les bains publics. Le passage d'un bain à l'autre – les bains des hommes sont largement séparés de ceux des femmes – est également interdit.

On a décidé des secours aux mendiants infirmes et hors d'état de travailler. Pour les autres, ils seront arrêtés et conduits devant leur section qui décidera des suites.

Après avoir couru le monde pendant plusieurs semaines, Éfi est revenue. Elle réclame chaque soir d'être longuement caressée, mais refuse toujours d'entrer dans l'appartement.

4 juin

Je reviens de Compiègne. Repos total. Purge complète. Cadet-Gassicourt à qui j'ai rendu visite ce matin m'a félicité sur ma bonne mine, relativement, a-t-il ajouté, à l'état dans lequel je devrais me trouver.

Le tribunal a fait guillotiner hier trente-deux prévenus, parmi lesquels vingt-sept conspirateurs de la municipalité de Sedan et autres complices.

Ce sont aujourd'hui neuf condamnations qui ont été prononcées salle de la Liberté ; sept, salle de l'Égalité, parmi lesquelles la vieille mère Goursac, ci-devant noble, âgée de quatre-vingts ans, son fils, sa fille, sa femme de compagnie.

Il y a longtemps qu'au-delà de l'accusé le tribunal poursuit les membres de sa famille, ascendants, descendants, cousins, cousines, alliés, mais aussi amis, relations, clientèle ou domesticité, entraîné par une suspicion dévorante, comme on voit dans les épidémies sacrifier tout un quartier, toute une population, suspects d'être porteurs du mal.

Robespierre a été élu président de la Convention.

6 juin

Une vingtaine de condamnés ont été exécutés. Parmi eux, Jacques Dauphin Chadebaud, ex-noble, se disant ouvrier, familier ou tout au moins en relation avec les Goursac exécutés il y a deux jours.

7 juin

Vingt et un condamnés.

8 juin

Nous avons assisté, Bruiant et moi, à la première fête de l'Être suprême.

Grande cérémonie aux Tuileries, conduite par Robespierre, en présence des membres de la Convention. Tandis que les chœurs de l'Opéra chantaient l'hymne composé par Desorgues et Gosses, « Père de l'univers, suprême intelligence, bienfaiteur ignoré des aveugles mortels... », le Vicaire a mis le feu à la statue de l'Athéisme et aux passions négatives comme l'Ambition et l'Égoïsme. La figure de la Sagesse a traversé le brasier, venant à la République comme l'Esprit saint vient aux apôtres. C'est aujourd'hui dimanche de Pentecôte.

De là, on s'est rendu au Champ-de-Mars, avec cortèges, chars, musiques, oriflammes, Robespierre en tête, tout de bleu céleste, tenant un bouquet de fleurs et d'épis à la main. Le temps était beau. Une foule immense entourait la montagne artificielle conçue par David, sur laquelle le soleil a mis, lui aussi, sa flamme.

Les députés ont paru moins sensibles à l'émotion de la fête qu'au ridicule de la dignité dans laquelle s'est drapé Robespierre.

– Voilà son rêve, Jean-Baptiste, celui d'un corps social unanime, uni dans le partage de la vertu.

– Mais sa vertu fait peur.

– À s'appeler Maximilien...

– ... on finit *pontifex maximus*, pontife souverain.

9 juin

La guillotine s'est transportée sur la place Antoine, en face de l'ancienne Bastille.

Vingt-deux condamnations.

10 juin

Présentant son rapport sur la justice en vue d'un nouveau décret, Couthon a mis en garde contre l'humanité dont a fait preuve jusqu'ici le Tribunal révolutionnaire. « Le délai pour punir les ennemis de la patrie ne doit être que le temps de les reconnaître, il s'agit moins de les punir que de les anéantir. »

– Il n'est pas question de donner quelques exemples, mais d'exterminer les implacables satellites de la tyrannie, ou de périr avec la République. L'indulgence envers eux est atroce, la clémence est parricide.

C'est à qui rivalisera de vitesse. Entre le juge et le bourreau. Entre le procès de l'accusé et son exécution.

Robespierre a obtenu le vote immédiat et unanime de la loi. L'interrogatoire préalable est supprimé. En cas de preuves matérielles et morales suffisantes, l'audition des témoins est supprimée. L'attribution d'un défenseur aux conspirateurs est supprimée. La règle des jugements est la conscience des jurés, éclairés par l'amour de la patrie. Ils n'ont le choix qu'entre deux verdicts : l'acquittement ou la mort.

Ruamps a protesté en vain :

– Si ce décret passe, je me brûle la cervelle.

La composition du tribunal est renforcée. Dumas reste président. Coffinhal, Scellier, Naulin, Ragmey coiffent le chapeau des vice-présidents. Fouquier demeure l'accusateur public. Cinquante jurés ont été désignés.

14 juin

La guillotine est à l'ouvrage. Simple et nette. Avec l'efficacité des machines qui ne rêvent plus, sans la suée du bourreau ni la rage des soudards. La voici dressée place de la Barrière renversée, du côté de Vincennes, sur la plainte des habitants du quartier Antoine lassés de voir passer les charrettes emportant les cadavres.

Pour quelques contre-révolutionnaires authentiques et quelques fanatiques religieux, combien de citoyens exécutés pour une mauvaise plaisanterie, un propos d'ivrogne, une lettre, une image, un soupir. Inspirée par la jalousie, par la vengeance ou l'intérêt, une dénonciation les jette hébétés devant le tribunal.

Il y a quelques jours, on jugeait Marnault, ancien soldat de la République :

– Tu ne te rappelles pas avoir dit chez un marchand de vin, au coin de la rue Saint-Nicolas, que les membres de la Convention étaient tous des coquins, incapables de gérer les affaires, et que tu chiais sur eux ?

– Je ne me souviens pas de ça.

– Tu ne te rappelles pas que ton épouse t'a fait remarquer le vice de tes propos et que tu lui as répondu qu'arrivant de Vendée, tu t'en foutais ?

– Je ne m'en souviens pas, attendu que je n'avais fait que boire toute la journée, jusqu'au moment où j'ai été arrêté.

Parmi les condamnés, c'est une *fournée* de trente magistrats qui ont été conduits sur le nouveau lieu d'exécution.

15 juin

Il se trame une étrange affaire autour de la mère Théot, une ancienne nonne tombée dans le mysticisme qu'on surnomme « la Mère de Dieu ». Admiratrice de Robespierre en qui elle voit un autre messie, un nouveau rédempteur, elle a été dénoncée à la Convention par Vadier, le président du Comité de sûreté générale, sans qu'il ait cité le nom du Vicaire. La Convention a voté la traduction de Catherine Théot devant le Tribunal révolutionnaire. Est-ce une manœuvre ? Robespierre est-il visé ?

16 juin

La guillotine va. À partir de quand n'a-t-elle plus servi qu'elle-même ?

La Terreur s'est oubliée comme moyen, la guillotine s'est oubliée comme instrument. Dans sa souveraineté funèbre, elle aspire le tourbillon, soumettant les juges et les jurés à son autorité, tous affolés sans qu'ils le sachent, devenus pièces de machine, enchaînés à cette bouche obscure où se divisent dans l'ombre une confusion de mauvaises raisons et le goût pour la mort.

Basire disait à la tribune de la Convention que « nous avons fait un traité avec la mort ». La guillotine nous rappelle la parole complète du prophète Isaïe :

– Nous avons fait un traité avec la mort, et lié une société avec l'enfer.

Il y a deux jours, Fouquier-Tinville s'est rendu lui-même dans la prison de Bicêtre, où un nommé Valagnos a dénoncé une tentative d'évasion, transformée en complot contre la République. L'accusateur a fait son choix parmi les assassins, déserteurs, voleurs et autres créatures de galères, en dressant une liste de trente-sept accusés, pour lesquels on a repris le refrain de la conspiration des prisons.

Ils ont été exécutés, avec les cinq condamnés de l'autre section, comme complices d'un complot visant à tuer les geôliers, avant de se porter aux Comités de salut public et de sûreté générale pour en égorger les membres, leur arracher le cœur, le faire rôtir et le manger, et faire mourir les plus importants dans un tonneau garni de pointes.

Les carmagnoles ont réveillé les Furies. Des spectres cannibales hantent la nuit révolutionnaire. D'où vient l'imagination de ce cœur à rôtir, de ce tonneau rempli de pointes ? Nous voilà revenus aux heures féroces des guerres de religion, où l'on démembrait le corps de son ennemi, lui arrachait les yeux, tranchait ses testicules et dévorait ses entrailles après lui avoir ouvert le ventre.

17 juin

Les enquêtes menées sur Henry Admiral et Cécile Renault ont été confondues dans un complot général, à la tête duquel on a imaginé le soi-disant baron de Bats, connu depuis longtemps pour ses manœuvres financières. On a joint aux conspirateurs un pêle-mêle d'accusés, parmi lesquels la Saint-Amaranthe, sa fille Émilie, trop belles toutes les deux pour échapper au couperet, son fils Louis, âgé de dix-sept ans, et le mari d'Émilie.

S'ajoutant aux huit condamnés de la salle de l'Égalité, les cinquante-quatre prévenus de conspiration ont été guillotinés tout à l'heure, revêtus de la chemise rouge. Et moi qui ai abandonné le registre de la Terreur, moi que l'âge et la maladie entraînent au néant, je veux noter ici les noms d'Henry Admiral, François Cardinal, Balthasard Roussel, Suzanne Chevalier, Claude Paindavoine, Cécile Renault, son père Antoine Renault, son frère Jacques Renault, sa tante Jeanne Renault, Jean-Baptiste Porteboeuf, André Saintanac, Lucile Parmentier, François Lafosse, Michel Devaux, Joseph Potier, François Virot-Sombreuil, son fils Stanislas Virot-Sombreuil, Jean Rohan-Rochefort, Pierre Laval-Montmorency,

Étienne Jardin, Barthélemy Constant, Joseph-Henry Burlandeux, François Saint-Mauris-Montbarey, Joseph-Guillaume Lescuyer, Achille Viart, Jean-Louis Biret-Tissot, Théodore Jauge, Catherine-Suzanne Vincent, Augustine Santuaré, Augustin Pons, Joseph-Victor Cortey, François Paumier, Jean-François Deshayes, François-Augustin Ozanne, René Hardaz-Hauteville, Louis Comte, Jean-Baptiste Michonis, Élysée Baussancourt, Louis Karadec, Théodore Marsan, Nicolas-Joseph Égrée, Henri Menil-Simon, Françoise Saint-Amaranthe, sa fille Émilie Saint-Amaranthe, son fils Louis Saint-Amaranthe, son beau-fils Antoine Sartine, Jean-Baptiste Briel, Marie Grandmaison, Marie-Nicole Bouchard, Jean-Baptiste Marino, André-Marie Froidure, Antoine-Prosper Soulès, François Dangé, Maximilien-Hercule Rossay.

18 juin

Une fille égorgée a été découverte ce matin. Elle se nomme Adélaïde Levêque.

ADÉLAÏDE LEVÊQUE

Sauf la Saint-Amaranthe, ce fut la plus belle femme de ce temps.

Elle était fille naturelle du duc de Richelieu, qui ne l'a jamais reconnue, l'ayant eue d'une liaison avec Rosemonde Levêque, veuve d'un chapelier de la rue Croix-des-Petits-Champs, qui l'avait laissée riche de trois cent mille livres de rente. Si la mère avait appartenu à la noblesse, le duc n'aurait pas hésité à la reconnaître, à la façon dont Louis XIV a légitimé ses bâtards. Mais pour qui se vantait de n'avoir jamais prononcé, de sa vie, le nom d'un bourgeois, comment afficher les suites d'une liaison si basse ?

Chérie par sa mère, qui lui donna les meilleurs maîtres dans les arts d'agrément, Adélaïde révéla une partie de ses talents à la messe de Pâques de l'année 1780. L'abbé Simon, familier de la maison, un gros homme réjoui portant perruque, avec de l'esprit et des lettres, qui enseignait à la petite le chant et la musique, avait organisé un concert spirituel à la suite de l'office. Son tour venu, Adélaïde s'avance et entonne, adaptés pour elle, le petit motet de Lully, *Laudate, pueri, Dominum, Enfants, louez le Seigneur*, immédiatement suivi du funèbre *Beati qui levant stolas suas in sanguine Agni, Heureux ceux qui lavent leurs robes dans le sang de l'Agneau*, d'un disciple de Giacomo Carissimi. Jamais sa voix ne fut si juste ni si légère. Jamais elle ne mit tant de grâce dans son chant. Le public parut transporté. L'enfant était aux nues.

Adélaïde avait dix ans. La même année, son père, âgé de quatre-vingt-quatre ans, se mariait pour la troisième fois.

Trois ans plus tard, Rosemonde Levêque commit l'erreur de révéler à sa fille l'origine de sa naissance. Pétrie d'orgueil et de ressentiment, Adélaïde fut ingouvernable. À l'âge de quinze ans, elle envoya au *Mercure* trois poèmes illustrés, signés *Levêque de Richelieu*. Le lieutenant de police Lenoir signala l'extravagance au duc, dont le secrétaire, rendu discrètement rue Croix-des-Petits-Champs, prévint la chapelière. Après tout, la Bastille n'était pas faite pour les chiens. On avait retrouvé des jeunes filles le visage balafré ou les jambes brisées pour des offenses plus légères.

La jeune Levêque se consola en découvrant qu'Adélaïde, vieux prénom germanique, signifiait *de sang noble*, et réclama à sa mère d'apprendre l'équitation.

Habillée en cavalière, magnifiquement bottée, elle séduisit un chevalier de Malte, qui l'installa dans un bel appartement de la rue Saint-Honoré, avec quatre croisées sur la rue. Elle connut alors un an de bonheur, toujours fort bien en bijoux, colliers en or, bagues fines, argenterie de table, se partageant – hors l'amour – entre la passion du cheval et celle de la peinture. Le chevalier s'escrimait du matin au soir avec son maître d'armes. Du jour au lendemain, ils quittèrent Paris tous les deux.

Piquée au vif, humiliée dans son sexe et dans sa beauté, Adélaïde donna dans les caprices. Pour faire pièce au Maltais, elle prit une femme de chambre, grande, jolie et bien faite, qui haïssait le commerce des hommes, dont le clitoris diabolique l'initia aux plaisirs de Sapho. On la vit se promener en voiture découverte, entourée d'une troupe entichée du goût antiphysique. Elle menait parfois les chevaux, et fit monter dans la calèche le marquis de Villette, célèbre pour ses petits vers, ses amours homosexuelles et sa passion pour Voltaire. Ce n'était pas une raison pour se priver d'amants. Après une liaison avec un jeune marquis, qui se trouva compromis dans une mauvaise affaire, obligé de s'enfuir à Lyon où, devenu cocher de fiacre, sa famille le fit chercher pour l'enfermer à Charenton, Adélaïde se jeta sur les membres de l'Académie de peinture.

Elle eut Lefrançois pour amant principal et entreteneur. Élève de Bachelier, grand trousseur de portraits et de filles, il avait accroché dans son salon un dessin qui revisitait l'origine de la peinture. Au lieu du visage de son amant, dont la fille de Dibutade dessine les contours de l'ombre projetée sur le mur, c'était de son sexe tendu que la jeune fille gardait la trace.

On a quatre portraits d'elle par Lefrançois, qu'elle n'aimait pas, considérant que le visage « se retire » dans le portrait qu'en font les peintres, comme on dit qu'une mer se retire. À marée basse. La marée basse du visage. Elle s'aimait au contraire l'œil brillant, la beauté en tumulte, dans le vif de l'action, dans le feu de la vie, que la peinture échoue à saisir. Elle avait appris qu'Adélaïde pouvait aussi dériver du grec *adélos*, invisible, ce qui, pour la maîtresse d'un peintre et la plus belle femme de Paris, lui semblait une jolie énigme. Elle rompit avec son amant lorsqu'il se fit portraitiste au physionotrace, la machine qui permet de fixer un profil aux dimensions réelles. Quand apparut la première guillotine, elle en fut immédiatement persuadée, c'était une machine à tirer le portrait.

Elle chercha sans succès à faire fortune dans les pays lointains, souffrant d'un excès d'origine. Son orgueil lui faisait prendre ses amants en pitié. De retour à Paris, elle s'installa discrètement dans le méchant hôtel du Mouton rouge, attendant des temps propices. « Je me terre le temps de la Terreur », disait-elle.

Elle avait échoué à se rendre invisible lorsqu'elle fut assassinée dans la nuit du 17 au 18 juin, sa robe trempée dans le sang, sans qu'aucun barbouilleur de l'Académie, tous ralliés à David, n'assiste quelques jours plus tard à ses maigres funérailles.

19 juin, 1er messidor

Il y a eu en prairial cinq cent neuf condamnations à mort. Cloüet juge pour rien la mort d'Adélaïde Levêque :

– C'est une saloperie qui lève le cœur que la vie du ci-devant duc de Richelieu. Maquereau royal, libertin affamé de débauches, pétri de toutes les vanités, c'est pour des êtres comme lui que la Révolution s'est faite, et s'il n'était pas mort en 1788, j'aurais eu autant de plaisir à voir sa tête tranchée que celle de Capet. Alors pour sa fille, commissaire, si l'Adélaïde est bien sa fille, qu'elle le retrouve en enfer.

20 juin

Mêmes recherches, interrogatoires, enquêtes, perquisitions, que pour les trois filles précédentes.

Sans résultat.

Je vois bien que Chêneville n'y met plus son cœur. Sans compter les autres condamnés, on vient de livrer à l'échafaud vingt-sept prévenus tirés de la prison de Saint-Malo, convaincus de complicité dans la conspiration de La Rouërie, jugée il y a un an. Qu'est-ce qu'une fille de plus ou de moins dans Paris ?

21 juin

Je connaissais un peu Marguerite Pierre, âgée de vingt-deux ou vingt-quatre ans, bonne fille, tête à l'évent, qui brocantait rue Vieille-du-Temple. Un peu grise, un peu folle, elle avait demandé une prise de tabac à un passant, en ajoutant : « Voilà le corps de garde, et je m'en fous, et vive le roi ! » En fait de prise, le passant l'a conduite à la section. De là au tribunal. Elle vient d'être décapitée.

Salle de la Liberté, ce sont seize habitants du village de Caussade qui ont été condamnés pour avoir porté le deuil de Capet et substitué à la cocarde tricolore une cocarde noire.

22 juin

J'ai rendu visite à Rosemonde Levêque, rue Croix-des-Petits-Champs. On trouve dans sa boutique un grand choix de chapeaux à cornes, castors et demi-castors, chapeaux de paille et bonnets rouges.

Un ci-devant abbé Simon, qui vit avec elle, l'aide au commerce.

– Tout ça est passé si vite. Si vous aviez connu la petite dans son jeune âge... C'est par elle que la beauté venait au monde... Et puis, tout s'est détraqué quand elle a appris, pour sa naissance. Ça lui a fait comme une fissure dans la tête et dans le cœur. Elle n'a plus jamais été la même.

« Non, elle n'est pas venue me voir après son retour à Paris, mais c'est qu'elle n'en a pas eu le temps, commissaire. La mort nous a pris à revers.

Simon s'est plaint du prix maximum imposé pour les chapeaux en poils de veau et en laine. Il m'a raconté les facéties que répandent tous les chapeliers.

– C'est l'histoire de Mathurin qui, voulant qu'on salue différemment les personnes de qualités différentes, se couvre de trois chapeaux enchâssés l'un sur l'autre. Vient-il à croiser un homme ordinaire, il n'ôte qu'un seul chapeau. S'agit-il d'une personne remarquable, il retire ses trois couvre-chefs. Mais personne n'a suivi, le principe n'a pas pris, et on enterra Mathurin, mort de dépit, avec ses trois chapeaux.

Avant que je ne les quitte, Rosemonde et lui m'ont chanté à deux voix le motet qu'il avait appris à Adélaïde, jadis, du temps de son enfance, *Laudate, pueri, Dominum*.

26 juin

Journées de vertiges et de vomissements, d'une bile incommode, amère et puante, dont je crains qu'elle ne finisse par se mêler au sang.

Si messidor signifie récolte et tire son nom des épis qui couvrent les champs en été, la Grande faux fait sa moisson. L'échafaud a trouvé sa saison. Jamais on n'a tant guillotiné. Parmi les quarante-quatre ou quarante-cinq condamnés hier (Chêneville n'en savait plus le nombre exact) figurait un Gaston Dadouville, ancien page au service du dauphin, persuadé d'être fils naturel de Louis XV et demi-frère du dernier roi, auquel il ressemblait tellement, dont il avait pris tant de plaisir à imiter l'allure, qu'on a mené Capet second à l'échafaud, comme on parodie au théâtre de la Foire les grandes œuvres du répertoire.

Aujourd'hui ce sont quarante-huit ou quarante-neuf condamnations qui ont été prononcées (c'est moi, cette fois, qui hésite sur le nombre), parmi lesquelles celle du sinistre Osselin, qui avait dénoncé sa maîtresse, avant d'être dénoncé par son frère.

Dans ces moments d'angoisse où l'âme vacille dans le vide, j'ai cru voir, cette nuit, une ombre dure accroupie dans le coin de ma chambre.

27 juin

La Mort poursuit sa cueillette. Têtes qui tombent. Bouquet de roses. La liste fournit le ruban.

Trente et une condamnations.

28 juin

Il y a deux jours, Robespierre a réclamé au Comité de salut public de faire un nouveau rapport sur Catherine Théot. Dumas et Fouquier-Tinville ont été convoqués. Le dossier de *la Mère de Dieu* lui a été remis. La soustraire au tribunal, c'est aller contre le décret de la Convention et affronter Vadier.

Aujourd'hui Billaud-Varenne et Collot d'Herbois ont traité Robespierre de dictateur. Il a quitté la réunion absolument furieux.

29 juin

On a fêté partout la grande victoire de Jourdan sur les ennemis coalisés. Les Tuileries ont été illuminées, on y a mené les fanfares et joué des airs d'opéra. La bataille a eu lieu il y a trois jours, à Fleurus, près de Charleroi, dans les Pays-Bas autrichiens. L'armée a utilisé pour la première fois un ballon d'observation, *L'Entreprenant*, dans lequel deux hommes distinguaient les manœuvres des troupes adverses. Après la défaite des Vendéens, voici celle des Autrichiens et des Anglais. Le chemin de Bruxelles est ouvert.

Au tribunal, dix-neuf condamnations.

30 juin

Vingt-cinq condamnations.

1er juillet, vieux style

Robespierre est intervenu devant les Jacobins pour dénoncer les derniers des Indulgents, ces anthropophages qui multiplient les complots. « Le barbare est celui qui, sensible pour les conspirateurs, est sans entrailles pour les patriotes vertueux. »

Indigné de se voir partout, à Londres, à la Convention, dans les comités, dépeint comme un tyran, il a défendu le Tribunal révolutionnaire et la loi du 10 juin, injustement calomniés, comme lui.

– Détruisez le Tribunal révolutionnaire, ou composez-le de membres agréables aux factieux : comment pourrez-vous espérer de rompre les fils des conspirations, si la justice est exercée par les conjurés eux-mêmes ?

Je ne comprends pas pourquoi le Vicaire associe son destin à celui du tribunal. Il a pris ses distances avec les représentants en mission. Pourquoi ne le fait-il pas avec les juges et les jurés ? Fouquier continue d'inclure dans la même conspiration des prévenus qui ne se sont jamais vus. Les actes d'accusation sont signifiés aux juges la veille de l'audition ou quelques minutes avant. Les réponses des jurés sont écrites par avance ; les jugements, laissés en blanc. Un individu est mis à la place d'un autre. La disproportion du délit à la peine fait horreur. Avançons, avançons, dit le procureur ! Les accusés sont trop bavards, les prévenus sont trop coupables, il faut faire aller la machine !

Dans la ruche bourdonnante du Palais, au milieu du va-et-vient des courriers, des huissiers, des greffiers, des jurés, des commis, des expéditionnaires, des gendarmes, des gardes et des prévenus montés de la Conciergerie, l'Agité fatal a l'œil à tout. On le voit dès le matin passer d'un bureau à l'autre, fouettant son monde, halluciné, impérieux, hurlant son impatience, jeté dans le travail comme on se noie, s'attardant longuement, le soir, à la Buvette du Palais, le vin mauvais, le regard fixe, tandis qu'on exécute les condamnés, là-bas, à la Barrière.

2 juillet

Nouveau coup de théâtre au sein du tribunal. Les Comités de salut public et de sûreté générale viennent de décider l'arrestation de Naulin, Marie-Claude Naulin, vice-président du Tribunal révolutionnaire, qui siégeait tout à l'heure. Il a été conduit à la prison des Carmes. « La perquisition la plus exacte sera faite de ses papiers, et ceux qui seront trouvés suspects seront apportés au Comité de sûreté générale pour y être examinés », précise l'arrêt, qu'ont signé entre autres Amar, Carnot, Saint-Just, Barère, Billaud-Varenne.

Ragmey est président du tribunal révolutionnaire de Brest. Naulin vient d'être emprisonné. Des quatre vice-présidents désignés par la Convention, il en reste deux, Coffinhal et Scellier.

3 juillet

On jugeait aujourd'hui, parmi les prévenus salle de l'Égalité, Paul Claude Cuper, gantier, dont les premiers interrogatoires ont eu lieu à Meaux :

– Pourquoi avez-vous pris le risque de voyager sans passeport ?

– Je suis parti de Blois, sachant qu'il y avait des troupes à Orléans, que je devais commander. J'étais appelé.

– En quelle qualité ?

– En qualité de général des armées françaises, où j'ai été nommé par Louis XV, après avoir fait prisonnier le roi du Maroc.

– Pourquoi avoir jeté votre cocarde tricolore ?

– C'est que je préfère la blanche, et que je crierai encore « Vive le roi ! Vive la reine ! Vive la

République ! » moi, Cuper, commandant de l'armée française et de l'armée de Malte.

Bon. Décervelé tant qu'on voudra.

À conduire à Charenton, et non sur l'échafaud.

6 juillet

– Vous savez que vous parlez à un homme décapité, commissaire.

– Septembre 1772. Aix-en-Provence. Place des Prêcheurs.

– À la bonne heure. Vous connaissez vos dossiers. Mais si j'ai été exécuté en effigie à Aix, mon libraire l'a été effectivement à Paris. La guillotine l'a cueilli en janvier, cette année. Quant à moi, j'attends que ces messieurs du tribunal fixent l'heure. Histoire de rattraper le jugement antérieur.

« Ce ne sera plus, cette fois, pour empoisonnement ou sodomie. N'importe.

Aucun progrès dans mon enquête. J'ai hésité longtemps à rendre visite au ci-devant marquis de Sade, à quoi me poussait Bruiant. Si quelqu'un peut jeter un regard sur ces crimes monstrueux, n'est-ce pas lui ? Si tu veux comprendre comment on en vient à égorger, puis éventrer une fille, avant de faire gicler son foutre sur son cadavre, c'est ce romancier à l'imagination déréglée qui peuple ses récits de femmes suppliciées qu'il faut interroger.

L'homme aura connu toutes les prisons. Transféré des Madelonnettes aux Carmes, puis à Saint-Lazare, je l'ai retrouvé dans la maison Coignard, la maison de santé pour prisonniers où sa maîtresse l'a fait admettre, rue Picpus. J'imaginais, je ne sais, un grand sec, fiévreux, illuminé, Sade m'a paru chapelain, et même un peu bouffi, hors deux yeux brillants qui semblaient tantôt bleus tantôt noirs comme deux grains de café.

– Pourquoi ne pas partir de la Terreur, qui roule sous nos yeux ? Nous allons de commotion en commotion. C'est ce qu'affichent les crimes dont vous me parlez... Comme une exécution en chambre... Dans les replis de la Terreur.

Sade parut un instant refermé sur lui-même, ému, m'a-t-il semblé, à quelque souvenir.

– J'étais emprisonné à la Bastille quand j'ai entrepris, il y a près de dix ans, mon grand roman. L'œuvre d'une vie. L'assomption de tous mes *désordres*. Le chef-d'œuvre du métier, comme disent maîtres et compagnons.

« Quatre aristocrates s'y réunissaient dans un château, pour exercer, jour après jour, les sévices les plus atroces sur des jeunes gens soumis à leur pouvoir, tirant leur jouissance de cette cruauté. La fin en était fixée – n'est-ce pas le rôle du romancier comme celui du poète d'aller jusqu'au bout de l'enfer ? – quand on m'a transporté à la prison de Charenton sous le prétexte que j'ameutais depuis ma cellule. Et le manuscrit est perdu.

– Si nous quittions la littérature...

– J'y viens, commissaire, j'y viens. Le monde s'accroche à mes chevaux de feu. C'est mon roman. C'est la Terreur. Tout y est. Prenez Carrier à Nantes, Fouché à Lyon, Fréron à Marseille et tenez, pour y trouver à peu près quatre points cardinaux, prenez Le Bon à Arras, qui met toute sa famille parmi les juges et les jurés du tribunal et fait aller la guillotine comme pour rire. Avec ça, chez nos quatre missionnaires, tous les pillages, tous les excès, la passion de l'or et du pouvoir, sans trembler, au milieu des cadavres.

« La fièvre érotique n'y manque pas. L'homme de Nantes promettait la vie sauve aux belles aristocrates qui couchaient avec lui, avant de les renvoyer à la noyade au matin. Le Bon a fait installer l'échafaud sous la fenêtre de sa femme pour lui permettre de voir, c'est son mot, « tomber les abricots ». Et, sans doute, la prend-il par-derrière, s'enfouissant dans son joli cul, tandis qu'elle regarde.

– Vous voulez dire qu'un des représentants...

– Ne prenez pas la chose au mot. Réfléchissez. Voyez les dates que vous m'avez données. Votre première victime, là, Éléonore...

– Éléonore Rolande.

– Égorgée dans la nuit du 31 octobre au 1er novembre, c'est la nuit qui a suivi l'exécution des Girondins. La suivante, Rosette, Rosalie...

– Rose Poupe.

– Dans la nuit du 24 au 25 mars. Celle qui a suivi la mort d'Hébert et de ses Enragés.

– Mimi Delineux, dans la nuit du 5 au 6 avril, après la mort de Danton. Adélaïde Levêque, dans la nuit qui a suivi l'exécution de cinquante-quatre condamnés.

– Vous voyez... Ce peut être la qualité des personnes condamnées, ce peut être leur nombre, que sais-je ? quelque particularité qui distingue l'exécution du jour. De commotion en commotion, il faut que l'assassin aille au bout du vertige, qu'il y mêle sa main et son sexe, qu'il en jouisse sur une scène intime après avoir tenu sa partie sur la scène publique.

– L'un de nos députés...

– Encore un effort, commissaire, encore un effort, vous manquez d'ambition.

« Pourquoi pas l'un des membres des Comités de salut public ou de sûreté générale ? a lancé Sade, avant de me conduire jusqu'à une fenêtre donnant sur le jardin.

On voyait à travers les barreaux une large fosse creusée dans le sol.

– C'est ici, commissaire, que depuis quinze jours, faute de place dans les cimetières, on jette les cadavres des guillotinés. Je ne sais combien de corps ce trou peut contenir.

« Certains soirs, voyez-vous, l'odeur est effroyable.

7 juillet

On a condamné hier, salle de la Liberté, vingt-deux magistrats de Toulouse, à qui on a joint trois autres prévenus, parmi lesquels un Jean-François Perès, conseiller au même Parlement, étranger à l'affaire, qui était là comme témoin.

Aujourd'hui, salle de l'Égalité, la femme Charbonnier a été condamnée pour avoir réclamé « un roi », c'est « un rouet » qu'elle désirait, l'instrument à filer, victime de sa prononciation des mots à l'ancienne.

Surtout, salle de la Liberté, sur l'insistance d'Herman auprès du Comité de salut public pour qu'on purge les prisons de leurs « immondices », on a repris le principe de la conspiration des détenus. Fouquier-Tinville a dressé une liste de cent cinquante-sept accusés, comprenant de nombreux ci-devant nobles, qui ont été transférés de la prison du Luxembourg à la Conciergerie, pour être exécutés en plusieurs fois. Soixante l'ont été tout à l'heure.

J'ai pensé au mot du romancier. Est-ce une commotion suffisante ? Faut-il s'attendre à un nouveau crime ?

9 juillet

À la tribune de la Convention, Barère a pris la défense de Le Bon, dénoncé pour ses excès à Arras et Cambrai, comme l'ont été les autres représentants dans leurs baronnies d'horreur :

– Des formes un peu acerbes ont été employées ; mais ces formes ont détruit les pièges de l'aristocratie. Une sévérité outrée lui a été reprochée, mais il n'a démasqué que de faux patriotes, et pas un patriote n'a été frappé.

« Il ne faut parler de la Révolution qu'avec respect, des mesures révolutionnaires qu'avec égard. La liberté est une vierge dont il est coupable de soulever le voile, a poursuivi le rapporteur du Comité de salut public.

Nouvelle *fournée* au tribunal d'une cinquantaine de prévenus tirés de la prison du Luxembourg.

10 juillet

Est-ce assez *acerbe* ? Quarante-six condamnés dans la conspiration du Luxembourg ont été exécutés.

Depuis le premier jour du procès, à peine l'accusé répondait-il à l'appel de son nom, « Tu n'as plus la parole, tu n'as plus la parole », coupaient Dumas, Coffinhal ou Scellier.

13 juillet

Je suis resté couché ces derniers jours. Bruiant est passé me voir.

– Je me demande ce que les historiens diront des temps que nous vivons.

– L'Histoire ne suffit pas, Jean-Baptiste. Autant nos littéraires sont en peine de ce qu'est un fait historique, autant les historiens ne prennent pas la mesure de la langue. *Terreur* leur échappe. C'est le chant du chaos.

« Souviens-toi des Furies, les infernales, les filles de la Nuit. Comme Vénus naît du sperme d'Uranus tombé dans la mer, après que Saturne lui a tranché les testicules, elles naissent des gouttes de son sang tombé sur le sol. C'est Tisiphone, parmi les trois sœurs, l'implacable déesse de la vengeance dans sa robe de sang, des serpents dans les cheveux, des vipères autour des bras, qui apporte avec elle les délires, les larmes et le goût du carnage. *Luctus comitatur euntem et Pavor et Terror trepidoque Insania vultu.* Détresse l'accompagne, ainsi qu'Effroi et Terreur et Folie au visage inquiet.

– Reste à savoir si le tribunal de la vengeance du peuple punit le crime ou s'il est pris dans les filets de la folie.

Mon concierge, dont la plaie s'était rouverte, avec une suppuration fétide et noire, la gangrène généralisée, est mort ce matin.

14 juillet

On a fêté la prise de la Bastille au jardin des Tuileries. Musiques et chants militaires. Les boutiques ont été fermées. La Samaritaine du Pont-Neuf a carillonné. Il y a eu partout des soupers fraternels, depuis neuf heures jusqu'à minuit. On a dressé des tables dans les rues, chacun apportant ce qu'il a, chandelle, nourriture et boisson à offrir aux passants. Voilà la République qu'il nous faut.

Après l'exclusion de Dubois-Crancé, accusé d'attentisme pendant le siège de Lyon, c'est le président du club des Jacobins, c'est Fouché lui-même dont Robespierre vient d'obtenir le renvoi.

17 juillet

Trente condamnés, il y a deux jours. Trente et un hier. Quarante aujourd'hui, dix salle de l'Égalité, trente salle de la Liberté, parmi lesquels seize carmélites de Compiègne, et Mulot de la Menardière, considéré comme le « chef d'un rassemblement révolutionnaire, d'une espèce de foyer de Vendée, composé de religieuses carmélites et d'autres ennemis de la Révolution ».

Je ne connaissais pas ce dernier, mais quelques-unes des religieuses ou, du moins, leur famille. Se partageant entre trois maisons, où elles perpétuaient plus ou moins la règle de leur ordre, elles ont été trouvées en possession de correspondances antipatriotiques, convaincues de fanatisme et condamnées pour conspiration contre le peuple souverain.

Encouragées par leur supérieure, vêtues de leur manteau blanc, elles ont chanté des cantiques sur le chemin de la guillotine. Après le *Te Deum* entonné à genoux au pied de l'échafaud, elles ont gravi les marches en chantant, bénies l'une après l'autre par la mère supérieure. Leur exécution a fait impression, m'a dit Chêneville.

– Elles allaient là comme à une noce.

Leurs corps et leurs têtes ont été jetés dans le jardin de Picpus, dans une seconde fosse creusée à côté de celle que m'a montrée Sade.

18 juillet

Thérèse Dufour a été égorgée dans la nuit.

THÉRÈSE DUFOUR

Voilà la bonne maman.

Elle naît à Paris, rue du Gril-Fleuri, dans le quartier de la place Maubert. Simon Dufour, son père, maître boutonnier, fait prospérer son commerce en mêlant du faux aux ouvrages garnis d'or et d'argent. Toute jeune, on la met à coucher avec une servante qui a un laquais pour amant, lequel, se glissant entre sa maîtresse et la petite les grands soirs, lui prend son pucelage lorsqu'elle a douze ans. Ses parents lui apprennent la passementerie, l'art de confectionner galons, ganses, aiguillettes et jarretières. Pendant le temps de sa formation elle fait la connaissance d'un chevalier de Saint-Clair, un homme de piètre figure, mais en habit de soie, qui l'enlève et l'installe loin du quartier Maubert.

Adieu dentelles et rubans ! Nouvel apprentissage. Le chevalier la met sur le métier des rues et revend plusieurs fois son pucelage, jusqu'à ce que le vinaigre astringent, les pommades et le sang de poulet ne puissent plus entretenir l'illusion.

Abandonnée par son proxénète, après qu'il a fait bacchanale et brisé les meubles, Thérèse vit quelque temps de pièces et de morceaux. Ses yeux rieurs, son air délibéré, sa gorge avantageuse fixent un baron hollandais, qui lui laisse une petite rente avant de retourner au pays. Elle loue une chambre garnie à proximité des Tuileries. Elle n'a pas une figure à faire de grandes conquêtes mais, blonde, blanche, potelée, onctueuse, elle garde au fil des ans la pratique des paillards honteux et des jeunes gens timides, transportés à la vue de ses fesses, heureux dans les plis de ses seins. Sérieuse, régulière, elle s'autorise le plaisir de courir la nuit une ou deux fois par mois, à l'aventure, au Waux-Hall, à la Redoute, du côté des boulevards ou des Champs-Élysées, accrochant quelquefois quelque bonne fortune, pour lier compagnie et saluer l'aurore avec des rires et des chansons.

Aux premiers jours de la Révolution, elle danse la carmagnole. On la voit aux séances de l'Assemblée et de la Convention. Elle initie les banquets civiques dans la cour de la maison, où les locataires se retrouvent joyeusement. Toujours appétissante, c'est la bonne maman.

La mort la trouve grasse et fraîche, constellée de fossettes.

Lorsque le commissaire découvre son cadavre, un rai de soleil palpite sur son front. Les boucles de ses cheveux forment une guirlande. Plus bas, à travers les vêtements déchirés, sa vulve semble une prune sombre dans le flamboiement du poil.

19 juillet, 1er thermidor

Les premiers interrogatoires des voisins, affligés par la mort de Thérèse Dufour, n'ont rien donné. À la fin de la journée, la chance nous a souri sous le nom d'Anatole Tavlik, un ouvrier maçon habitant le grenier, une façon de Turc ou d'Arménien échoué à Paris dans les débris de la guerre de Sept Ans.

Je lui ai appris le crime à son retour du travail, et l'ai immédiatement interrogé, l'ayant du reste reconnu pour un familier des audiences du tribunal, le visage grêlé, un œil borgne, mais l'autre vif et toujours en éveil.

Avec toutes sortes de prudence dans la voix, il a fini par lâcher son histoire :

– La nuit du crime, citoyen commissaire, je suis descendu dans la cabane, au fond de la cour. Il devait être deux ou trois heures du matin. Ça m'arrive souvent. Presque toutes les nuits. Tandis que je chiais, culottes bas, j'ai vu entre les planches de la porte quelqu'un qui descendait l'escalier et traversait la cour, en me tournant le dos.

«Je n'ai pas vu son visage, mais l'homme était en grande tenue, dans le costume que nous connaissons bien, avec le chapeau sur la tête.

Et puis, après un silence :

– Citoyen commissaire, je l'ai vu, la grande tenue, avec le chapeau, c'est celle des vice-présidents du Tribunal révolutionnaire.

20 juillet

J'ai rencontré Assez causé ! au début de l'année 1792. Ancien médecin, ancien procureur du Châtelet, Coffinhal était alors commissaire de la section de la Fraternité et se méfiait de moi comme ancien « suppôt du despotisme », tout en me réclamant des anecdotes de police du temps du ci-devant *Bien-aimé*. Membre du club des Jacobins, proche de Robespierre, juge au tribunal criminel extraordinaire institué en août 1792, c'est au Tribunal révolutionnaire qu'il a déployé ses talents, en réduisant les accusés au silence, avant de les expulser dans les ténèbres.

Grand, le teint jaune, la mine renfrognée, les yeux noirs et les sourcils en crocs, c'est l'homme sombre. Avec en lui une colère qui ne s'apaise pas.

La patrouille l'a arrêté plusieurs fois en pleine ivresse, faisant tapage au Palais-Égalité en compagnie de Fouquier. Est-ce pour échauffer sa hargne ? Pour stupéfier l'angoisse ? Sa cave contient plus de quatre cents bouteilles. Voilà de quoi noyer bien des remords.

Que dire de Scellier ? Secrétaire des Jacobins, membre de la section des Amis de la Patrie, il est de Compiègne. C'est lui qui a présidé le procès condamnant les carmélites de la ville.

Je suis fatigué de ces monstres communs.

Coffinhal habite rue Regrattière, Scellier, rue Appoline. J'ai attaché à leurs pas Marquis et son compère. Je vérifie de mon côté, autant qu'il est possible, l'emploi de leur temps pendant la nuit des crimes.

21 juillet

L'ombre revient chaque nuit dans le coin de la chambre. Et dans cette masse obscure, plus noire que la nuit, des bouches se dessinent, tantôt celle, édentée, d'un mendiant aveugle hurlant dans le silence, tantôt celle d'une murène jetée sur une table des Halles.

22 juillet

Près de huit cents exécutions en messidor selon Chêneville. Thermidor va bon train. Le premier du mois, dénoncée par Héron, toute la famille de Magon Labalue, ci-devant banquier et fermier général, a été exécutée. De père en fils. Jusqu'aux petits-enfants. Le jeune Saint-Pern, âgé de dix-sept ans, a été condamné à défaut de son père, contre qui portait l'accusation.

Héron en a profité pour demander « un important service » à Sénar, agent comme lui du Comité de sûreté générale, celui d'inscrire sa femme sur la liste des condamnés dans la conspiration des Magon :

– Quand on glisse le nom de quelqu'un dans une grande affaire, cela va ; on fait l'appel, les têtes tombent, et pouf, pouf, ça va.

Sénar a refusé.

Au tribunal où j'observe d'un œil nouveau Coffinhal et Scellier, la dernière *fournée* des conspirateurs du Luxembourg a été livrée à la guillotine. En s'appuyant sur des dénonciateurs aux gages, Fouquier met au jour des complots de même fabrique dans les prisons de la Force, Saint-Lazare, Port-Libre et aux Carmes.

Je me suis rendu chez Bruiant, que je n'avais pas vu depuis longtemps. Je l'ai trouvé tout silencieux. Il me semblait, en le quittant, que je lui faisais mes adieux.

Voilà une petite victoire : pour la première fois, Éfi est entrée dans l'appartement et, s'installant comme chez elle, est allée droit sur le lit.

23 juillet

On a été chercher à la prison des Carmes un résidu de grande noblesse, « satellites de Capet et assassins du peuple ». Coffinhal présidait. Quarante-six condamnations à mort.

Marquis m'a rendu compte des premières surveillances :

– L'espionnage, commissaire, n'est pas simple. Nos suspects sont hommes d'autorité. Grandes gueules, et tout à fait vigilants. L'un d'eux a une maîtresse régulière, il y va tous les soirs. L'autre navigue à l'aventure.

– N'y a-t-il pas là, chez le premier, une servante, une femme de ménage ?

– Rapport à savoir s'il y était les nuits d'atrocités...

« On vous a compris, mon prince, on y va, on y va.

24 juillet

J'ai vomi toute la nuit, et ma bouche qui vomissait me paraissait étrangère. Quelque chose en moi fait horreur à moi-même. Tout mon corps se défait aux portes de la mort.

C'est lentement, m'arrêtant à chaque marche, que j'ai monté l'escalier menant à la salle des Tuileries où m'a convoqué, ce matin, le Comité de sûreté générale. Avec effet immédiat, et accompagnement de quatre sans-culottes. Vadier, Amar et Fouché m'attendaient.

– Eh bien, commissaire, vous voilà bien fatigué.

Vadier, qui vient de lancer *la Mère de Dieu* dans les pattes de Robespierre, s'est vite fait comprendre. Les tentatives de réconciliation entre les deux comités ont échoué. Les responsables de la Terreur, les anciens représentants en mission sont menacés. Le Vicaire a promis de les dénoncer à la Convention. Il s'agit de le prendre de vitesse. Tout cela expliqué avec des nuances, et des avertissements, avant de revenir à moi.

Fouché a pris le relais :

– Il est vrai qu'aujourd'hui tout le monde est suspect, commissaire. Nous aimerions pourtant savoir ce qui vous autorise à mettre sous surveillance la présidence du Tribunal révolutionnaire.

« À vrai dire, nous connaissons vos raisons. Qu'est-ce que vous croyez ? C'est affaire de sûreté générale, et vos espions sont espionnés.

– Pour parler net, est intervenu Amar, tenez-nous au courant, ne prenez aucune décision avant de nous informer.

– Coupables, innocents, c'est à nous de trancher. C'est à nous que reviennent les dossiers délicats, a conclu Fouché.

Des trois hommes, c'est le Faucheur qui m'a paru le plus fin politique. Rusé et cruel, comme ils le sont tous, avec dans le regard moins d'hallucination, et des projets d'avenir.

Au moment où je me suis levé, Vadier m'a prié d'approcher.

– Il y a encore ceci, commissaire. Une lettre de dénonciation accuse votre lieutenant Chêneville de mauvais vouloir dans les arrestations et d'apitoiements antipatriotiques. La lettre est anonyme, comme vous voyez, mais suffisamment informée pour mériter foi.

« Bien entendu, nous ne l'avons pas transmise à Fouquier.

« Pas encore.

J'ai reconnu facilement l'auteur de la lettre.

Cloüet n'a pas pris la peine de modifier son écriture.

25 juillet

Éfi est restée couchée toute la nuit à côté de moi.

Au dehors, le monde fait parade. La fougue des amants n'épuise pas la douceur de la chair, les couleurs, les parfums, les promesses du jour qui renaît. J'ai pensé aux seins de Rose Poupe qu'on disait si beaux. Éléonore dansait sur le pas de ma chambre. La métisse au fouet m'ouvrait de ses deux mains des fesses merveilleuses. Je n'ai pas oublié celles qui sont venues... Adeline, où êtes-vous à cette heure ? Quel amant vous suce la gorge et glisse sa queue lourde entre vos jambes ?

J'entends l'aboi des chiens dans la rue Vieille-du-Temple.

J'ai cru basculer cette nuit dans l'autre monde.

26 juillet

À l'oreille, comme s'il craignait qu'on nous entende, Marquis m'a nommé celui de nos suspects qui se trouvait chez sa maîtresse quand les crimes ont eu lieu. J'arrêterai l'autre demain. Peu importe le Comité de sûreté générale. Peu importe Fouché, ses dossiers, ses manœuvres. Avec le témoignage de Tavlik et celui que rapporte Marquis, la chose est entendue. J'irai demain. Justice sera faite. Les victimes finiront leur errance.

Après le complot des Carmes est venu celui de Saint-Lazare. Depuis trois jours, les *fournées* se succèdent. Quand s'arrêtera cette tuerie judiciaire ? Il n'y a pas d'autre mot. Rien n'est pire que le massacre sous un voile de justice. C'est assassiner dans les formes de la loi. C'est assassiner la loi. Que sont devenues les lumières de la Raison ? Où sont nos combats, nos triomphes ? Il y a tant de prisons à purger. Après Paris viendra la province. *Fournées* par ci, *fournées* par là. Le boulanger, la boulangère et le petit mitron. La guillotine est au fournil. Après tout, il n'y a pas de criminels dans une république vertueuse. Qu'ils disparaissent dans le chausse-trape éternel. Et il se trouvera peut-être quelqu'un dans les siècles futurs pour donner le nom de Robespierre à une rue, à une institution, en hommage à cette tuerie.

Les morts vont par vagues, par séries musicales. J'entends chanter les têtes tranchées. Le cliquetis des verrous sonne au milieu des sanglots. Les guichetiers excitent leurs molosses dans les bas-fonds de la Conciergerie. D'où viennent ces refrains et ces vieilles odeurs ? La sueur coule en eau de mon cou, de mon torse, de mes jambes. Il y a du bruit dans la chambre. Des remuements, par là. À la garde ! à la garde ! On veut m'assassiner. Quelles sont ces voix qui pleurent dans mon ventre ? Des noms d'enfants perdus cognent dans ma mémoire. Canons de brume et trompes de ténèbres, la nuit lève l'ancre avec ses cuisses de soie et ses filles à matelots. Nous vivons si peu. Nous vivons rarement. La peur nous étrangle. J'entends déjà les rires du Grand Geôlier. Misères de nos vies, misère de ma mort. L'ombre terrible a quitté le coin de la chambre. La voilà qui grandit, qui grandit, qui grandit. Furieuse.

Jean-Baptiste Grand-Jacques meurt dans la nuit du 26 juillet 1794. Le lendemain, 9 thermidor, Tallien, Vadier, Barère et leurs amis empêchent Robespierre de prendre la parole à la Convention. Son arrestation est décrétée, ainsi que celles de Saint-Just et de Couthon. Dumas, le président du tribunal, est arrêté alors qu'il est en train de siéger. Scellier prend sa place et poursuit l'audience. Robespierre et ses amis se réfugient à l'Hôtel de Ville, où les entraîne Coffinhal, à la tête d'une colonne de sans-culottes. Après avoir défenestré Hanriot, commandant de la Garde nationale, impuissant à s'opposer aux troupes ralliées à la Convention, Coffinhal parvient à s'échapper. Arrêté dans la nuit, la mâchoire fracassée par le coup de feu qu'il s'est tiré, Robespierre est exécuté le

10 thermidor en compagnie de ses fidèles, après leur identification par Fouquier-Tinville et leur jugement prononcé par Scellier. Dumas est guillotiné dans la même fournée.

Dans sa fuite, Coffinhal longe la Seine et se cache dans l'île des Cygnes. Trempé par la pluie, affamé, mourant de froid, il est dénoncé par celui chez qui il a cherché refuge. Arrêté, il hurle sa haine à l'égard d'Hanriot. Condamné à mort, il est exécuté le 6 août. Sur le chemin de l'échafaud, les passants lui crient : « Coffinhal, Coffinhal, tu n'as plus la parole ! »

Le procès de Fouquier-Tinville, des juges et des jurés du tribunal s'ouvre le 28 mars 1795. « J'ai exécuté les ordres. Je ne réponds pas des actions faites par les autorités supérieures. » Après deux heures de délibération, l'ancien accusateur public est condamné à mort. Il est guillotiné le 7 mai avec quinze autres membres du tribunal, parmi lesquels Herman et Scellier.

Le Tribunal révolutionnaire est supprimé par décret le 31 mai 1795.

À la fin de l'année précédente, Carrier avait lancé au cours de son procès :

– Tout est coupable ici, jusqu'à la sonnette du président.

Rien à ce jour n'a permis d'identifier avec certitude l'assassin d'Éléonore Rolande, de Rose Poupe, de Mimi Delineux, d'Adélaïde Levêque et de Thérèse Dufour.

SOURCES ET CLEFS

L'Histoire prend tant de liberté avec la vie des hommes, il est permis au roman d'en prendre un peu avec elle. *Le Beau transi* désigne Antoine Barnave ; *Assez causé !*, Jean-Baptiste Coffinhal ; *l'Ogre des abîmes*, Georges Jacques Danton ; *le Faucheur*, Joseph Fouché ; *l'Agité fatal*, Antoine Quentin Fouquier-Tinville ; *Frère la fusillade*, Louis Marie Stanislas Fréron ; *le Jupin de la crapule*, Jacques-René Hébert ; *le Tigre des carrefours*, Jean-Paul Marat ; *la Croupière des vices*, Marguerite Brunet, dite la Montansier ; *le Vicaire*, Maximilien Robespierre ; *le Boutefeu de la guenille*, Jacques Roux ; *le Fléau des filles* et *le Grand flagellant*, Donatien Alphonse François de Sade ; *le Foudroyant* et *l'Ange exterminateur*, Louis Saint-Just.

Pour ce qui regarde le Tribunal révolutionnaire et le tribunal criminel, je me suis appuyé sur l'*Histoire du Tribunal révolutionnaire* d'Henri Wallon (1880-1882), la *Gazette des nouveaux tribunaux* de Louis-François Jauffret et Augustin-Charles Guichard pour les années 1793 et 1794, quelques-unes des listes de guillotinés contemporaines. Le *Journal d'un bourgeois de Paris sous la Révolution* de Célestin Guittard de Floriban (1974) a fourni de précieuses indications atmosphériques ; le journal de l'avocat Edmond Jean-François Barbier et celui du marquis d'Argenson, quelques anecdotes.

Je ne saurais trop marquer ma dette envers le film d'Anatole Litvak, *La Nuit des généraux* (1967), dont le souvenir ébloui et amer ne m'aura pas quitté.

TABLE

DU MÊME AUTEUR

AUX ÉDITIONS GALLIMARD

Libertines

Syphilis. Essai sur la littérature française du XIXe *siècle*

L'ardeur et la galanterie

De la beauté des femmes (avec Roman Wald-Lasowski)

Le traité des mouches secrètes

Le traité du transport amoureux

L'ultime faveur

Guillotinez-moi ! Précis de décapitation

Le grand dérèglement

La maison Maupassant

Dictionnaire libertin. La langue du plaisir au siècle des Lumières

CHEZ D'AUTRES ÉDITEURS

Boucheron. La Capture de l'éclat (photographies de Guy Lucas de Peslouan), Éditions Cercle d'art

Gide. 16 octobre 1908 (avec Roman Wald-Lasowski), Éditions J. C. Lattès

L'Amour au temps des libertins, First édition

PARUS

DANS LA COLLECTION « STYLES »

François-Jean Authier

La Chimère d'Arezzo (2007)

J. P. Bernés

J. L. Borges, la vie commence... (2010)

François Chollet

Un garçon si tranquille (2011)

Bras de fer (2013)

Alain Fleischer

L'Ascenseur (2007)

La Vision d'Avigdor (2008)

Courts-circuits (2009)

Sade scénario (2012)

Jean-Luc Hennig

Un amour ottoman (2012)

Espadons, mignons & autres monstres

Vocabulaire de l'"homosexualité sous l'Ancien Régime (2014)

Percy Kemp

Le Vrai Cul du diable (2009)

Valérie Lévy
Les Petites Douleurs (2006)

Laurent Marty
La vie est un miracle (2006)

Patrick Renou
Tina, l'amour infini de René Char (2012)

André Rollin
L'Assassinat d'Elsa (2014)

Philippe Sollers
L'Évangile de Nietzsche (2006)
Entretiens avec Vincent Roy
Grand beau temps (2008)

Émilie de Turckheim
Les Amants terrestres (2005)

Georges Zaragoza
Blasons (2005)

MIXTE
Papier issu de sources responsables
FSC® C003309
FSC www.fsc.org

Les papiers utilisés dans cet ouvrage
sont issus de forêts responsablement gérées.

Mis en pages par DV Arts Graphiques à La Rochelle

Imprimé en France
par la Société TIRAGE - 91941 Courtabœuf

Dépôt légal : mai 2014
N° d'édition : 4106
ISBN 978-2-7491-4106-0